I0178178

PREFACIO

La colección de guías de conversación para viajar "Todo irá bien" publicada por T&P Books está diseñada para personas que viajan al extranjero para turismo y negocios. Las guías contienen lo más importante - los elementos esenciales para una comunicación básica.Éste es un conjunto de frases imprescindibles para "sobrevivir" mientras está en el extranjero.

Esta guía de conversación le ayudará en la mayoría de los casos donde usted necesite pedir algo, conseguir direcciones, saber cuánto cuesta algo, etc. Puede también resolver situaciones difíciles de la comunicación donde los gestos no pueden ayudar.

Este libro contiene muchas frases que han sido agrupadas según los temas más relevantes.También encontrará un mini diccionario con palabras útiles - números, hora, calendario, colores…

Llévese la guía de conversación "Todo irá bien" en el camino y tendrá una insustituible compañera de viaje que le ayudará a salir de cualquier situación y le enseñará a no temer hablar con extranjeros.

TABLA DE CONTENIDOS

T&P Books Publishing

Colección de guías de conversación
"¡Todo irá bien!"

T&P Books Publishing

GUÍA DE CONVERSACIÓN

— FRANCÉS —

LAS PALABRAS Y LAS FRASES MÁS ÚTILES

Esta Guía de Conversación contiene las frases y las preguntas más comunes necesitadas para una comunicación básica con extranjeros

Andrey Taranov

T&P BOOKS

Guía de conversación + diccionario de 250 palabras

Guía de conversación Español-Francés y mini diccionario de 250 palabras

por Andrey Taranov

La colección de guías de conversación para viajar "Todo irá bien" publicada por T&P Books está diseñada para personas que viajan al extranjero para turismo y negocios. Las guías contienen lo más importante - los elementos esenciales para una comunicación básica. Éste es un conjunto de frases imprescindibles para "sobrevivir" mientras está en el extranjero.

También encontrará un mini diccionario con 250 palabras útiles necesarias para la comunicación diaria - los nombres de los meses y de los días de la semana, medidas, miembros de la familia, y más.

Copyright © 2024 T&P Books Publishing

Todos los derechos reservados. Ninguna porción de este libro puede reproducirse o utilizarse de ninguna manera o por ningún medio; sea electrónico o mecánico, lo cual incluye la fotocopia, grabación o información almacenada y sistemas de recuperación, sin el permiso escrito de la editorial.

T&P Books Publishing
www.tpbooks.com

ISBN: 978-1-78492-632-8

Este libro está disponible en formato electrónico o de E-Book también.
Visite www.tpbooks.com o las librerías electrónicas más destacadas en la Red.

PRONUNCIACIÓN

La letra	Ejemplo francés	T&P alfabeto fonético	Ejemplo español

Las vocales

A a	cravate	[a]	radio
E e	mer	[ɛ]	mes
I i [1]	hier	[j]	asiento
I i [2]	musique	[i]	ilegal
O o	porte	[o], [ɔ]	bolsa
U u	rue	[y]	pluma
Y y [3]	yacht	[j]	asiento
Y y [4]	type	[i]	ilegal

Las consonantes

B b	robe	[b]	en barco
C c [5]	place	[s]	salva
C c [6]	canard	[k]	charco
Ç ç	leçon	[s]	salva
D d	disque	[d]	desierto
F f	femme	[f]	golf
G g [7]	page	[ʒ]	adyacente
G g [8]	gare	[g]	jugada
H h	héros	[h]	[h] muda
J j	jour	[ʒ]	adyacente
K k	kilo	[k]	charco
L l	aller	[l]	lira
M m	maison	[m]	nombre
N n	nom	[n]	número
P p	papier	[p]	precio
Q q	cinq	[k]	charco
R r	mars	[r]	R francesa (gutural)
S s [9]	raison	[z]	desde
S s [10]	sac	[s]	salva
T t	table	[t]	torre
V v	verre	[v]	travieso
W w	Taïwan	[w]	acuerdo

La letra	Ejemplo francés	T&P alfabeto fonético	Ejemplo español
X x [11]	expliquer	[ks]	taxi
X x [12]	exact	[gz]	inglés - exam
X x [13]	dix	[s]	salva
X x [14]	dixième	[z]	desde
Z z	zéro	[z]	desde

Las combinaciones de letras

ai	faire	[ɛ]	mes
au	faute	[o], [oː]	correa
ay	payer	[eɪ]	béisbol
ei	treize	[ɛ]	mes
eau	eau	[o], [oː]	correa
eu	beurre	[ø]	alemán - Hölle
œ	œil	[ø]	alemán - Hölle
œu	cœur	[øː]	inglés - first
ou	nous	[u]	mundo
oi	noir	[wa]	aduanero
oy	voyage	[wa]	aduanero
qu	quartier	[k]	charco
ch	chat	[ʃ]	shopping
th	thé	[t]	torre
ph	photo	[f]	golf
gu [15]	guerre	[g]	jugada
ge [16]	géographie	[ʒ]	adyacente
gn	ligne	[ɲ]	leña
on, om	maison, nom	[õ]	[o] nasal

Comentarios

[1] delante de vocales
[2] en el resto de los casos
[3] delante de vocales
[4] en el resto de los casos
[5] delante de **e, i, y**
[6] en el resto de los casos
[7] delante de **e, i, y**
[8] en el resto de los casos
[9] entre dos vocales
[10] en el resto de los casos
[11] la mayoría de los casos
[12] rara vez
[13] en **dix, six, soixante**

[14] en **dixième, sixième**
[15] delante de **e, i, u**
[16] delante de **a, o, y**

LISTA DE ABREVIATURAS

Abreviatura en español

adj	-	adjetivo
adv	-	adverbio
anim.	-	animado
conj	-	conjunción
etc.	-	etcétera
f	-	sustantivo femenino
f pl	-	femenino plural
fam.	-	uso familiar
fem.	-	femenino
form.	-	uso formal
inanim.	-	inanimado
innum.	-	innumerable
m	-	sustantivo masculino
m pl	-	masculino plural
m, f	-	masculino, femenino
masc.	-	masculino
mat	-	matemáticas
mil.	-	militar
num.	-	numerable
p.ej.	-	por ejemplo
pl	-	plural
pron	-	pronombre
sg	-	singular
v aux	-	verbo auxiliar
vi	-	verbo intransitivo
vi, vt	-	verbo intransitivo, verbo transitivo
vr	-	verbo reflexivo
vt	-	verbo transitivo

Abreviatura en francés

adj	-	adjetivo
adv	-	adverbio
conj	-	conjunción
etc.	-	etcétera
f	-	sustantivo femenino

f pl	-	femenino plural
m	-	sustantivo masculino
m pl	-	masculino plural
m, f	-	masculino, femenino
pl	-	plural
prep	-	preposición
pron	-	pronombre
v aux	-	verbo auxiliar
v imp	-	verbo impersonal
vi	-	verbo intransitivo
vi, vt	-	verbo intransitivo, verbo transitivo
vp	-	verbo pronominal
vt	-	verbo transitivo

T&P BOOKS

GUÍA DE CONVERSACIÓN FRANCÉS

Esta sección contiene frases importantes que pueden resultar útiles en varias situaciones de la vida real. La Guía le ayudará a pedir direcciones, aclaración sobre precio, comprar billetes, y pedir alimentos en un restaurante

T&P Books Publishing

CONTENIDO DE LA GUÍA DE CONVERSACIÓN

T&P Books Publishing

Lo más imprescindible

Perdone, …	**Excusez-moi, …** [ɛkskyze mwa, …]
Hola.	**Bonjour** [bɔ̃ʒuːr]
Gracias.	**Merci** [mɛrsi]

Sí.	**Oui** [wi]
No.	**Non** [nɔ̃]
No lo sé.	**Je ne sais pas.** [ʒə nə sɛ pɑ]
¿Dónde? | ¿A dónde? | ¿Cuándo?	**Où? | Où? | Quand?** [u? | u? | kɑ̃?]

Necesito …	**J'ai besoin de …** [ʒe bəzwɛ̃ də …]
Quiero …	**Je veux …** [ʒə vø …]
¿Tiene …?	**Avez-vous … ?** [ave vu …?]
¿Hay … por aquí?	**Est-ce qu'il y a … ici?** [ɛs kilja … isi?]
¿Puedo …?	**Puis-je … ?** [pɥiʒ …?]
…, por favor? (petición educada)	**…, s'il vous plaît** […, sil vu plɛ]

Busco …	**Je cherche …** [ʒə ʃɛrʃ …]
el servicio	**les toilettes** [le twalɛt]
un cajero automático	**un distributeur** [œ̃ distribytœːr]
una farmacia	**une pharmacie** [yn farmasi]
el hospital	**l'hôpital** [lɔpital]

la comisaría	**le commissariat de police** [lə kɔmisarja də pɔlis]
el metro	**une station de métro** [yn stasjɔ̃ də metro]

un taxi	**un taxi** [œ̃ taksi]
la estación de tren	**la gare** [la gar]

Me llamo …	**Je m'appelle …** [ʒə mapɛl …]
¿Cómo se llama?	**Comment vous appelez-vous?** [kɔmɑ̃ vuzaple-vu?]
¿Puede ayudarme, por favor?	**Aidez-moi, s'il vous plaît.** [ɛde-mwa, sil vu plɛ]
Tengo un problema.	**J'ai un problème.** [ʒe œ̃ prɔblɛm]
Me encuentro mal.	**Je ne me sens pas bien.** [ʒə nə mə sɑ̃ pɑ bjɛ̃]
¡Llame a una ambulancia!	**Appelez une ambulance!** [aple yn ɑ̃bylɑ̃:s!]
¿Puedo llamar, por favor?	**Puis-je faire un appel?** [pɥiʒ fɛr œn apɛl?]

Lo siento.	**Excusez-moi.** [ɛkskyze mwa]
De nada.	**Je vous en prie.** [ʒə vuzɑ̃pri]

Yo	**je, moi** [ʒə, mwa]
tú	**tu, toi** [ty, twa]
él	**il** [il]
ella	**elle** [ɛl]
ellos	**ils** [il]
ellas	**elles** [ɛl]
nosotros /nosotras/	**nous** [nu]
ustedes, vosotros	**vous** [vu]
usted	**Vous** [vu]

ENTRADA	**ENTRÉE** [ɑ̃tre]
SALIDA	**SORTIE** [sɔrti]
FUERA DE SERVICIO	**HORS SERVICE | EN PANNE** [ɔr sɛrvis | ɑ̃ pan]
CERRADO	**FERMÉ** [fɛrme]

ABIERTO

OUVERT
[uvɛr]

PARA SEÑORAS

POUR LES FEMMES
[pur le fam]

PARA CABALLEROS

POUR LES HOMMES
[pur le zɔm]

Preguntas

¿Dónde? **Où?**
[u?]

¿A dónde? **Où?**
[u?]

¿De dónde? **D'où?**
[du?]

¿Por qué? **Pourquoi?**
[purkwa?]

¿Con que razón? **Pour quelle raison?**
[pur kɛl rɛzɔ̃?]

¿Cuándo? **Quand?**
[kɑ̃?]

¿Cuánto tiempo? **Combien de temps?**
[kɔ̃bjɛ̃ də tɑ̃?]

¿A qué hora? **À quelle heure?**
[a kɛl œːr?]

¿Cuánto? **C'est combien?**
[sɛ kɔ̃bjɛ̃?]

¿Tiene ...? **Avez-vous ... ?**
[ave vu ...?]

¿Dónde está ...? **Où est ..., s'il vous plaît?**
[u ɛ ..., sil vu plɛ?]

¿Qué hora es? **Quelle heure est-il?**
[kɛl œr ɛ-til?]

¿Puedo llamar, por favor? **Puis-je faire un appel?**
[pɥiʒ fɛr œn apɛl?]

¿Quién es? **Qui est là?**
[ki ɛ la?]

¿Se puede fumar aquí? **Puis-je fumer ici?**
[pɥiʒ fyme isi?]

¿Puedo ...? **Puis-je ...?**
[pɥiʒ ...?]

Necesidades

Quisiera …	**Je voudrais …** [ʒə vudrɛ …]
No quiero …	**Je ne veux pas …** [ʒə nə vø pɑ …]
Tengo sed.	**J'ai soif.** [ʒe swaf]
Tengo sueño.	**Je veux dormir.** [ʒə vø dɔrmi:r]
Quiero …	**Je veux …** [ʒə vø …]
lavarme	**me laver** [mə lave]
cepillarme los dientes	**brosser mes dents** [brɔse me dɑ̃]
descansar un momento	**me reposer un instant** [mə rəpoze œn ɛ̃stɑ̃]
cambiarme de ropa	**changer de vêtements** [ʃɑ̃ʒe də vɛtmɑ̃]
volver al hotel	**retourner à l'hôtel** [rəturne a lotɛl]
comprar …	**acheter …** [aʃte …]
ir a …	**aller à …** [ale a …]
visitar …	**visiter …** [vizite …]
quedar con …	**rencontrer …** [rɑ̃kɔ̃tre …]
hacer una llamada	**faire un appel** [fɛr œn apɛl]
Estoy cansado /cansada/.	**Je suis fatigué /fatiguée/** [ʒə sɥi fatige]
Estamos cansados /cansadas/.	**Nous sommes fatigués /fatiguées/** [nu sɔm fatige]
Tengo frío.	**J'ai froid.** [ʒe frwɑ]
Tengo calor.	**J'ai chaud.** [ʒe ʃo]
Estoy bien.	**Je suis bien.** [ʒə sɥi bjɛ̃]

Tengo que hacer una llamada.

Il me faut faire un appel.
[il mə fo fɛr œn apɛl]

Necesito ir al servicio.

J'ai besoin d'aller aux toilettes.
[ʒe bəzwɛ̃ dale o twalɛt]

Me tengo que ir.

Il faut que j'aille.
[il fo kə ʒaj]

Me tengo que ir ahora.

Je dois partir maintenant.
[ʒə dwa partir mɛ̃tnã]

Preguntar por direcciones

Perdone, …

Excusez-moi, …
[ɛkskyze mwa, …]

¿Dónde está …?

Où est …, s'il vous plaît?
[u ɛ …, sil vu plɛ?]

¿Por dónde está …?

Dans quelle direction est … ?
[dɑ̃ kɛl dirɛksjɔ̃ ɛ … ?]

¿Puede ayudarme, por favor?

Pouvez-vous m'aider, s'il vous plaît?
[puve vu mɛde, sil vu plɛ?]

Busco …

Je cherche …
[ʒə ʃɛrʃ …]

Busco la salida.

La sortie, s'il vous plaît?
[la sɔrti, sil vu plɛ?]

Voy a …

Je vais à …
[ʒə ve a …]

¿Voy bien por aquí para …?

C'est la bonne direction pour …?
[sɛ la bɔn dirɛksjɔ̃ pur …?]

¿Está lejos?

C'est loin?
[sɛ lwɛ̃?]

¿Puedo llegar a pie?

Est-ce que je peux y aller à pied?
[ɛskə ʒə pø i ale a pje?]

¿Puede mostrarme en el mapa?

**Pouvez-vous me le montrer
sur la carte?**
[puve vu mə lə mɔ̃tre
syr la kart?]

Por favor muestreme dónde estamos.

**Montrez-moi où sommes-nous,
s'il vous plaît.**
[mɔ̃tre-mwa u sɔm-nu,
sil vu plɛ]

Aquí

Ici
[isi]

Allí

Là-bas
[labɑ]

Por aquí

Par ici
[par isi]

Gire a la derecha.

Tournez à droite.
[turne a drwat]

Gire a la izquierda.

Tournez à gauche.
[turne a goʃ]

la primera (segunda, tercera) calle	**Prenez la première (deuxième, troisième) rue.** [prəne la prəmjɛr (døzjɛm, trwazjɛm) ry]
a la derecha	**à droite** [a drwat]
a la izquierda	**à gauche** [a goʃ]
Siga recto.	**Continuez tout droit.** [kɔ̃tinɥe tu drwa]

Carteles

¡BIENVENIDO!	**BIENVENUE!** [bjɛ̃vny!]
ENTRADA	**ENTRÉE** [ɑ̃tre]
SALIDA	**SORTIE** [sɔrti]
EMPUJAR	**POUSSEZ** [puse]
TIRAR	**TIREZ** [tire]
ABIERTO	**OUVERT** [uvɛr]
CERRADO	**FERMÉ** [fɛrme]
PARA SEÑORAS	**POUR LES FEMMES** [pur le fam]
PARA CABALLEROS	**POUR LES HOMMES** [pur le zɔm]
CABALLEROS	**MESSIEURS** [məsjø]
SEÑORAS	**FEMMES** [fam]
REBAJAS	**RABAIS | SOLDES** [rabɛ | sɔld]
VENTA	**PROMOTION** [prɔmɔsjɔ̃]
GRATIS	**GRATUIT** [gratɥi]
¡NUEVO!	**NOUVEAU!** [nuvo!]
ATENCIÓN	**ATTENTION!** [atɑ̃sjɔ̃!]
COMPLETO	**COMPLET** [kɔ̃plɛ]
RESERVADO	**RÉSERVÉ** [rezɛrve]
ADMINISTRACIÓN	**ADMINISTRATION** [administrasjɔ̃]
SÓLO PERSONAL AUTORIZADO	**PERSONNEL SEULEMENT** [pɛrsɔnɛl sœlmɑ̃]

CUIDADO CON EL PERRO

ATTENTION AU CHIEN!
[atɑ̃sjɔ̃ o ʃjɛ̃!]

NO FUMAR

NE PAS FUMER!
[nə pɑ fyme!]

NO TOCAR

NE PAS TOUCHER!
[nə pɑ tuʃe!]

PELIGROSO

DANGEREUX
[dɑ̃ʒrø]

PELIGRO

DANGER
[dɑ̃ʒe]

ALTA TENSIÓN

HAUTE TENSION
[ot tɑ̃sjɔ̃]

PROHIBIDO BAÑARSE

BAIGNADE INTERDITE!
[bɛɲad ɛ̃tɛrdit!]

FUERA DE SERVICIO

HORS SERVICE | EN PANNE
[ɔr sɛrvis | ɑ̃ pan]

INFLAMABLE

INFLAMMABLE
[ɛ̃flamabl]

PROHIBIDO

INTERDIT
[ɛ̃tɛrdi]

PROHIBIDO EL PASO

ENTRÉE INTERDITE!
[ɑ̃tre ɛ̃tɛrdit!]

RECIÉN PINTADO

PEINTURE FRAÎCHE
[pɛ̃tyr frɛʃ]

CERRADO POR RENOVACIÓN

FERMÉ POUR TRAVAUX
[fɛrme pur travɔ]

EN OBRAS

TRAVAUX EN COURS
[travɔ ɑ̃ kur]

DESVÍO

DÉVIATION
[devjasjɔ̃]

Transporte. Frases generales

el avión	**avion** [avjɔ̃]
el tren	**train** [trɛ̃]
el bus	**bus, autobus** [bys, otɔbys]
el ferry	**ferry** [feri]
el taxi	**taxi** [taksi]
el coche	**voiture** [vwatyr]

el horario	**horaire** [ɔrɛr]
¿Dónde puedo ver el horario?	**Où puis-je voir l'horaire?** [u pɥiʒ vwar lɔrɛːr?]
días laborables	**jours ouvrables** [ʒur uvrabl]
fines de semana	**jours non ouvrables** [ʒur nɔn uvrabl]
días festivos	**jours fériés** [ʒur ferje]

SALIDA	**DÉPART** [depar]
LLEGADA	**ARRIVÉE** [arive]
RETRASADO	**RETARDÉE** [rətarde]
CANCELADO	**ANNULÉE** [anyle]

siguiente (tren, etc.)	**prochain** [prɔʃɛ̃]
primero	**premier** [prəmje]
último	**dernier** [dɛrnje]

¿Cuándo pasa el siguiente …?	**À quelle heure est le prochain …?** [a kɛl œr ɛ lə prɔʃɛ̃ …?]
¿Cuándo pasa el primer …?	**À quelle heure est le premier …?** [a kɛl œr ɛ lə prəmje …?]

¿Cuándo pasa el último ...?

À quelle heure est le dernier ...?
[a kɛl œr ɛ lə dɛrnje ...?]

el trasbordo (cambio de trenes, etc.)

correspondance
[kɔrɛspõdãs]

hacer un trasbordo

prendre la correspondance
[prãdr la kɔrɛspõdãs]

¿Tengo que hacer un trasbordo?

Dois-je prendre la correspondance?
[dwaʒ prãdr la kɔrɛspõdãs?]

Comprar billetes

¿Dónde puedo comprar un billete?	**Où puis-je acheter des billets?** [u pɥiʒ aʃte de bijɛ?]
el billete	**billet** [bijɛ]
comprar un billete	**acheter un billet** [aʃte œ̃ bijɛ]
precio del billete	**le prix d'un billet** [lə pri dœ̃ bijɛ]

¿Para dónde?	**Pour aller où?** [pur ale u?]
¿A qué estación?	**Quelle destination?** [kɛl dɛstinasjɔ̃?]
Necesito ...	**Je voudrais ...** [ʒə vudrɛ ...]
un billete	**un billet** [œ̃ bijɛ]
dos billetes	**deux billets** [dø bijɛ]
tres billetes	**trois billets** [trwɑ bijɛ]

sólo ida	**aller simple** [ale sɛ̃pl]
ida y vuelta	**aller-retour** [ale-rətur]
en primera (primera clase)	**première classe** [prəmjɛr klɑs]
en segunda (segunda clase)	**classe économique** [klɑs ekɔnɔmik]

hoy	**aujourd'hui** [oʒurdɥi]
mañana	**demain** [dəmɛ̃]
pasado mañana	**après-demain** [aprɛdmɛ̃]
por la mañana	**dans la matinée** [dɑ̃ la matine]
por la tarde	**l'après-midi** [laprɛmidi]
por la noche	**dans la soirée** [dɑ̃ la sware]

asiento de pasillo

siège côté couloir
[sjɛʒ kote kulwar]

asiento de ventanilla

siège côté fenêtre
[sjɛʒ kote fənɛtr]

¿Cuánto cuesta?

C'est combien?
[sɛ kɔ̃bjɛ̃?]

¿Puedo pagar con tarjeta?

Puis-je payer avec la carte?
[pɥiʒ peje avɛk la kart?]

Autobús

el autobús	**bus, autobus** [otɔbys]
el autobús interurbano	**autocar** [otɔkar]
la parada de autobús	**arrêt d'autobus** [arɛ dotɔbys]
¿Dónde está la parada de autobuses más cercana?	**Où est l'arrêt d'autobus** **le plus proche?** [u ɛ larɛ dotɔbys lə ply prɔʃ?]
número	**numéro** [nymero]
¿Qué autobús tengo que tomar para ...?	**Quel bus dois-je prendre** **pour aller à ...?** [kɛl bys dwaʒ prãdr pur ale a ...?]
¿Este autobús va a ...?	**Est-ce que ce bus va à ...?** [ɛskə sə bys va a ...?]
¿Cada cuanto pasa el autobús?	**L'autobus passe tous les combien?** [lotɔbys pɑs tu le kɔ̃bjɛ̃?]
cada 15 minutos	**chaque quart d'heure** [ʃak kar dœr]
cada media hora	**chaque demi-heure** [ʃak dəmiœr]
cada hora	**chaque heure** [ʃak œr]
varias veces al día	**plusieurs fois par jour** [plyzjœr fwa par ʒur]
... veces al día	**... fois par jour** [... fwa par ʒur]
el horario	**horaire** [ɔrɛr]
¿Dónde puedo ver el horario?	**Où puis-je voir l'horaire?** [u pɥiʒ vwar lɔrɛ:r?]
¿Cuándo pasa el siguiente autobús?	**À quelle heure passe le prochain bus?** [a kɛl œr pɑs lə prɔʃɛ̃ bys?]
¿Cuándo pasa el primer autobús?	**À quelle heure passe le premier bus?** [a kɛl œr pɑs lə prəmje bys?]
¿Cuándo pasa el último autobús?	**À quelle heure passe le dernier bus?** [a kɛl œr pɑs lə dɛrnje bys?]

la parada

la siguiente parada

la última parada

Pare aquí, por favor.

Perdone, esta es mi parada.

arrêt
[arɛ]

prochain arrêt
[prɔʃɛn arɛ]

terminus
[tɛrminys]

Pouvez-vous arrêter ici, s'il vous plaît.
[puve vu arɛte isi, sil vu plɛ]

Excusez-moi, c'est mon arrêt.
[ɛkskyze mwa, sɛ mõn arɛ]

Tren

el tren	**train** [trɛ̃]
el tren de cercanías	**train de banlieue** [trɛ̃ də bɑ̃ljø]
el tren de larga distancia	**train de grande ligne** [trɛ̃ də grɑ̃d liɲ]
la estación de tren	**la gare** [la gar]
Perdone, ¿dónde está la salida al anden?	**Excusez-moi, où est la sortie vers les quais?** [ɛkskyze mwa, u ɛ la sɔrti vɛr le ke?]

¿Este tren va a …?	**Est-ce que ce train va à …?** [ɛskə sə trɛ̃ va a …?]
el siguiente tren	**le prochain train** [lə prɔʃɛ̃ trɛ̃]
¿Cuándo pasa el siguiente tren?	**À quelle heure est le prochain train?** [a kɛl œr ɛ lə prɔʃɛ̃ trɛ̃?]
¿Dónde puedo ver el horario?	**Où puis-je voir l'horaire?** [u pɥiʒ vwar lɔrɛːr?]
¿De qué andén?	**De quel quai?** [də kɛl ke?]
¿Cuándo llega el tren a …?	**À quelle heure arrive le train à …?** [a kɛl œr ariv lə trɛ̃ a …?]

Ayudeme, por favor.	**Pouvez-vous m'aider, s'il vous plaît?** [puve-vu mɛde, sil vu plɛ?]
Busco mi asiento.	**Je cherche ma place.** [ʒə ʃɛrʃ ma plas]
Buscamos nuestros asientos.	**Nous cherchons nos places.** [nu ʃɛrʃɔ̃ no plas]
Mi asiento está ocupado.	**Ma place est occupée.** [ma plas ɛtokype]
Nuestros asientos están ocupados.	**Nos places sont occupées.** [no plas sɔ̃ ɔkype]

Perdone, pero ese es mi asiento.	**Excusez-moi, mais c'est ma place.** [ɛkskyze mwa, mɛ sɛ ma plas]
¿Está libre?	**Est-ce que cette place est libre?** [ɛskə sɛt plas ɛ liːbr?]
¿Puedo sentarme aquí?	**Puis-je m'asseoir ici?** [pɥiʒ maswar isi?]

En el tren. Diálogo (Sin billete)

Su billete, por favor.

Votre billet, s'il vous plaît.
[vɔtr bijɛ, sil vu plɛ]

No tengo billete.

Je n'ai pas de billet.
[ʒə ne pɑ də bijɛ]

He perdido mi billete.

J'ai perdu mon billet.
[ʒe pɛrdy mɔ̃ bijɛ]

He olvidado mi billete en casa.

J'ai oublié mon billet à la maison.
[ʒe ublije mɔ̃ bijɛ a la mɛzɔ̃]

Le puedo vender un billete.

Vous pouvez m'acheter un billet.
[vu puve maʃte œ̃ bijɛ]

También deberá pagar una multa.

Vous devrez aussi payer une amende.
[vu dəvre osi peje yn amɑ̃d]

Vale.

D'accord.
[dakɔ:r]

¿A dónde va usted?

Où allez-vous?
[u ale-vu?]

Voy a …

Je vais à …
[ʒə ve a …]

¿Cuánto es? No lo entiendo.

Combien? Je ne comprend pas.
[kɔ̃bjɛ̃? ʒə nə kɔ̃prɑ̃ pɑ]

Escríbalo, por favor.

Pouvez-vous l'écrire, s'il vous plaît.
[puve vu lekrir, sil vu plɛ]

Vale. ¿Puedo pagar con tarjeta?

D'accord. Puis-je payer avec la carte?
[dakɔ:r. pɥiʒ peje avɛk la kart?]

Sí, puede.

Oui, bien sûr.
[wi, bjɛ̃ sy:r]

Aquí está su recibo.

Voici votre reçu.
[vwasi vɔtr rəsy]

Disculpe por la multa.

Désolé pour l'amende.
[dezɔle pur lamɑ̃:d]

No pasa nada. Fue culpa mía.

Ça va. C'est de ma faute.
[sa va. sɛ də ma fot]

Disfrute su viaje.

Bon voyage.
[bɔ̃ vwaja:ʒ]

Taxi

taxi	**taxi** [taksi]
taxista	**chauffeur de taxi** [ʃofœr də taksi]
coger un taxi	**prendre un taxi** [prᾶdr œ̃ taksi]
parada de taxis	**arrêt de taxi** [arɛ də taksi]
¿Dónde puedo coger un taxi?	**Où puis-je trouver un taxi?** [u pɥiʒ truve œ̃ taksi?]
llamar a un taxi	**appeler un taxi** [aple œ̃ taksi]
Necesito un taxi.	**Il me faut un taxi.** [il mə fo œ̃ taksi]
Ahora mismo.	**maintenant** [mɛ̃tnᾶ]
¿Cuál es su dirección?	**Quelle est votre adresse?** [kɛl ɛ vɔtr adrɛs?]
Mi dirección es ...	**Mon adresse est ...** [mɔn adrɛs ɛ ...]
¿Cuál es el destino?	**Votre destination?** [vɔtr dɛstinasjɔ̃?]

Perdone, ...	**Excusez-moi, ...** [ɛkskyze mwa, ...]
¿Está libre?	**Vous êtes libre ?** [vuzɛt libr?]
¿Cuánto cuesta ir a ...?	**Combien ça coûte pour aller à ...?** [kɔ̃bjɛ̃ sa kut pur ale a ...?]
¿Sabe usted dónde está?	**Vous savez où ça se trouve?** [vu save u sa sə tru:v?]

Al aeropuerto, por favor.	**À l'aéroport, s'il vous plaît.** [a laerɔpɔːr, sil vu plɛ]
Pare aquí, por favor.	**Arrêtez ici, s'il vous plaît.** [arɛte isi, sil vu plɛ]
No es aquí.	**Ce n'est pas ici.** [sə nɛ pɑ isi]
La dirección no es correcta.	**C'est la mauvaise adresse.** [sɛ la mɔvɛz adrɛs]
Gire a la izquierda.	**tournez à gauche** [turne a goʃ]
Gire a la derecha.	**tournez à droite** [turne a drwat]

¿Cuánto le debo?

Combien je vous dois?
[kõbjɛ̃ ʒə vu dwa?]

¿Me da un recibo, por favor?

**J'aimerais avoir un reçu,
s'il vous plaît.**
[ʒɛmrɛ avwar œ̃ rəsy,
sil vu plɛ]

Quédese con el cambio.

Gardez la monnaie.
[garde la mɔnɛ]

Espéreme, por favor.

Attendez-moi, s'il vous plaît …
[atɑ̃de-mwa, sil vu plɛ …]

cinco minutos

cinq minutes
[sɛ̃k minyt]

diez minutos

dix minutes
[di minyt]

quince minutos

quinze minutes
[kɛ̃z minyt]

veinte minutos

vingt minutes
[vɛ̃ minyt]

media hora

une demi-heure
[yn dəmiœr]

Hotel

Hola.	**Bonjour.** [bõʒuːr]
Me llamo …	**Je m'appelle …** [ʒə mapɛl …]
Tengo una reserva.	**J'ai réservé une chambre.** [ʒe rezɛrve yn ʃãːbr]

Necesito …	**Je voudrais …** [ʒə vudrɛ …]
una habitación individual	**une chambre simple** [yn ʃãbr sɛ̃pl]
una habitación doble	**une chambre double** [yn ʃãbr dubl]
¿Cuánto cuesta?	**C'est combien?** [sɛ kõbjɛ̃?]
Es un poco caro.	**C'est un peu cher.** [sɛtœ̃pø ʃɛːr]

¿Tiene alguna más?	**Avez-vous autre chose?** [ave vu otr ʃoːz?]
Me quedo.	**Je vais la prendre.** [ʒə ve la prãdr]
Pagaré en efectivo.	**Je vais payer comptant.** [ʒə ve peje kõtã]

Tengo un problema.	**J'ai un problème.** [ʒe œ̃ prɔblɛm]
Mi … no funciona.	**… est cassé /cassée/** [… ɛ kase]
Mi … está fuera de servicio.	**… ne fonctionne pas.** [… nə fõksjɔn pɑ]
televisión	**la télé …** [la tele …]
aire acondicionado	**air conditionné …** [ɛr kõdisjɔne …]
grifo	**le robinet …** [lə rɔbinɛ …]

ducha	**ma douche …** [ma duʃ …]
lavabo	**mon évier …** [mon evje …]
caja fuerte	**mon coffre-fort …** [mõ kɔfr-fɔr …]

cerradura	**la serrure de porte …** [la seryr də pɔrt …]
enchufe	**la prise électrique …** [la priz elɛktrik …]
secador de pelo	**mon sèche-cheveux …** [mɔ̃ sɛʃ ʃəvø …]

No tengo …	**Je n'ai pas …** [ʒə ne pɑ …]
agua	**d'eau** [do]
luz	**de lumière** [də lymjɛr]
electricidad	**d'électricité** [delɛktrisite]

¿Me puede dar …?	**Pouvez-vous me donner …?** [puve vu mə dɔne …?]
una toalla	**une serviette** [yn sɛrvjɛt]
una sábana	**une couverture** [yn kuvɛrtyr]
unas chanclas	**des pantoufles** [de pɑ̃tufl]
un albornoz	**une robe de chambre** [yn rɔb də ʃɑ̃br]
un champú	**du shampooing** [dy ʃɑ̃pwɛ̃]
jabón	**du savon** [dy savɔ̃]

Quisiera cambiar de habitación.	**Je voudrais changer ma chambre.** [ʒə vudrɛ ʃɑ̃ʒe ma ʃɑ̃:br]
No puedo encontrar mi llave.	**Je ne trouve pas ma clé.** [ʒə nə truv pɑ ma kle]
Por favor abra mi habitación.	**Pourriez-vous ouvrir ma chambre,** **s'il vous plaît?** [purje-vu uvrir ma ʃɑ̃:br, sil vu plɛ?]
¿Quién es?	**Qui est là?** [ki ɛ la?]
¡Entre!	**Entrez!** [ɑ̃tre!]
¡Un momento!	**Une minute!** [yn minyt!]

Ahora no, por favor.	**Pas maintenant, s'il vous plaît.** [pɑ mɛ̃tnɑ̃, sil vu plɛ]
Venga a mi habitación, por favor.	**Pouvez-vous venir à ma chambre,** **s'il vous plaît.** [puve vu vənir a ma ʃɑ̃:br, sil vu plɛ]

Quisiera hacer un pedido.	**J'aimerais avoir le service d'étage.** [ʒɛmrɛ avwar lə sɛrvis deta:ʒ]
Mi número de habitación es …	**Mon numéro de chambre est le …** [mɔ̃ nymero də ʃɑ̃br ɛ lə …]

Me voy …	**Je pars …** [ʒə par …]
Nos vamos …	**Nous partons …** [nu partɔ̃ …]
Ahora mismo	**maintenant** [mɛ̃tnɑ̃]
esta tarde	**cet après-midi** [sɛt aprɛmidi]
esta noche	**ce soir** [sə swar]
mañana	**demain** [dəmɛ̃]
mañana por la mañana	**demain matin** [dəmɛ̃ matɛ̃]
mañana por la noche	**demain après-midi** [dəmɛ̃ aprɛmidi]
pasado mañana	**après-demain** [aprɛdmɛ̃]

Quisiera pagar la cuenta.	**Je voudrais régler mon compte.** [ʒə vudrɛ regle mɔ̃ kɔ̃:t]
Todo ha estado estupendo.	**Tout était merveilleux.** [tutetɛ mɛrvɛjø]
¿Dónde puedo coger un taxi?	**Où puis-je trouver un taxi?** [u pɥiʒ truve œ̃ taksi?]
¿Puede llamarme un taxi, por favor?	**Pourriez-vous m'appeler un taxi, s'il vous plaît?** [purje-vu maple œ̃ taksi, sil vu plɛ?]

Restaurante

¿Puedo ver el menú, por favor?	**Puis-je voir le menu, s'il vous plaît?** [pɥiʒ vwar lə məny, sil vu plɛ?]
Mesa para uno.	**Une table pour une personne.** [yn tabl pur yn pɛrsɔn]
Somos dos (tres, cuatro).	**Nous sommes deux (trois, quatre).** [nu sɔm dø (trwa, katr)]

Para fumadores	**Fumeurs** [fymœr]
Para no fumadores	**Non-fumeurs** [nɔ̃-fymœr]
¡Por favor! (llamar al camarero)	**S'il vous plaît!** [sil vu plɛ!]
la carta	**menu** [məny]
la carta de vinos	**carte des vins** [kart de vɛ̃]
La carta, por favor.	**Le menu, s'il vous plaît.** [lə məny, sil vu plɛ]

¿Está listo para pedir?	**Êtes-vous prêts à commander?** [ɛt-vu prɛ a kɔmɑ̃de?]
¿Qué quieren pedir?	**Qu'allez-vous prendre?** [kale-vu prɑ̃dr?]
Yo quiero …	**Je vais prendre …** [ʒə ve prɑ̃dr …]

Soy vegetariano.	**Je suis végétarien.** [ʒə sɥi veʒetarjɛ̃]
carne	**viande** [vjɑ̃d]
pescado	**poisson** [pwasɔ̃]
verduras	**légumes** [legym]

¿Tiene platos para vegetarianos?	**Avez-vous des plats végétariens?** [ave vu de pla veʒetarjɛ̃?]
No como cerdo.	**Je ne mange pas de porc.** [ʒə nə mɑ̃ʒ pa də pɔːr]
Él /Ella/ no come carne.	**Il /elle/ ne mange pas de viande.** [il /ɛl/ nə mɑ̃ʒ pa də vjɑ̃ːd]
Soy alérgico a …	**Je suis allergique à …** [ʒə sɥi alɛrʒik a …]

¿Me puede traer …, por favor?

**Pourriez-vous m'apporter …,
s'il vous plaît.**
[purje-vu maporte … ,
sil vu plɛ]

sal | pimienta | azúcar

le sel | le poivre | du sucre
[lə sɛl | lə pwavr | dy sykr]

café | té | postre

un café | un thé | un dessert
[œ̃ kafe | œ̃ te | œ̃ desɛr]

agua | con gas | sin gas

de l'eau | gazeuse | plate
[də lo | gazøz | plat]

una cuchara | un tenedor | un cuchillo

**une cuillère | une fourchette |
un couteau**
[yn kɥijɛr | yn furʃɛt |
œ̃ kuto]

un plato | una servilleta

une assiette | une serviette
[yn asjɛt | yn sɛrvjɛt]

¡Buen provecho!

Bon appétit!
[bɔn apeti!]

Uno más, por favor.

Un de plus, s'il vous plaît.
[œ̃ də plys, sil vu plɛ]

Estaba delicioso.

C'était délicieux.
[setɛ delisjø]

---

la cuenta | el cambio | la propina

**l'addition | de la monnaie |
le pourboire**
[ladisjɔ̃ | də la mɔnɛ | lə purbwar]

La cuenta, por favor.

L'addition, s'il vous plaît.
[ladisjɔ̃, sil vu plɛ]

¿Puedo pagar con tarjeta?

Puis-je payer avec la carte?
[pɥiʒ peje avɛk la kart?]

Perdone, aquí hay un error.

**Excusez-moi, je crois qu'il y a une
erreur ici.**
[ɛkskyze mwa, ʒə krwa kilja yn
ɛrœr isi]

De Compras

¿Puedo ayudarle?

Est-ce que je peux vous aider?
[ɛskə ʒə pø vuzɛde?]

¿Tiene ...?

Avez-vous ... ?
[ave vu ...?]

Busco ...

Je cherche ...
[ʒə ʃɛrʃ ...]

Necesito ...

Il me faut ...
[il mə fo ...]

Sólo estoy mirando.

Je regarde seulement, merci.
[ʒə rəgard sœlmɑ̃, mɛrsi]

Sólo estamos mirando.

Nous regardons seulement, merci.
[nu rəgardɔ̃ sœlmɑ̃, mɛrsi]

Volveré más tarde.

Je reviendrai plus tard.
[ʒə rəvjɛ̃dre ply ta:r]

Volveremos más tarde.

On reviendra plus tard.
[ɔ̃ rəvjɛ̃dra ply ta:r]

descuentos | oferta

Rabais | Soldes
[rabɛ | sɔld]

Por favor, enséñeme ...

Montrez-moi, s'il vous plaît ...
[mɔ̃tre-mwa, sil vu plɛ ...]

¿Me puede dar ..., por favor?

Donnez-moi, s'il vous plaît ...
[dɔne-mwa, sil vu plɛ ...]

¿Puedo probarmelo?

Est-ce que je peux l'essayer?
[ɛskə ʒə pø lesɛje?]

Perdone, ¿dónde están los probadores?

Excusez-moi, où est la cabine d'essayage?
[ɛkskyze mwa, u ɛ la kabin desɛja:ʒ?]

¿Qué color le gustaría?

Quelle couleur aimeriez-vous?
[kɛl kulœr ɛmərje-vu?]

la talla | el largo

taille | longueur
[taj | lɔ̃gœr]

¿Cómo le queda? (¿Está bien?)

Est-ce que la taille convient ?
[ɛskə la taj kɔ̃vjɛ̃?]

¿Cuánto cuesta esto?

Combien ça coûte?
[kɔ̃bjɛ̃ sa kut?]

Es muy caro.

C'est trop cher.
[sɛ tro ʃɛ:r]

Me lo llevo.

Je vais le prendre.
[ʒə ve lə prɑ̃dr]

Perdone, ¿dónde está la caja?

Excusez-moi, où est la caisse?
[εkskyze mwa, u ε la kεs?]

¿Pagará en efectivo o con tarjeta?

**Payerez-vous comptant ou par
carte de crédit?**
[pεjre-vu kɔ̃tɑ̃ u par
kart də kredi?]

en efectivo | con tarjeta

Comptant | par carte de crédit
[kɔ̃tɑ̃ | par kart də kredi]

¿Quiere el recibo?

Voulez-vous un reçu?
[vule vu œ̃ rəsy?]

Sí, por favor.

Oui, s'il vous plaît.
[wi, sil vu plε]

No, gracias.

Non, ce n'est pas nécessaire.
[nɔ̃, sə nε pɑ nesesε:r]

Gracias. ¡Que tenga un buen día!

Merci. Bonne journée!
[mεrsi. bɔn ʒurne!]

En la ciudad

Perdone, por favor.	**Excusez-moi, …** [ɛkskyze mwa, …]
Busco …	**Je cherche …** [ʒə ʃɛrʃ …]
el metro	**le métro** [lə metro]
mi hotel	**mon hôtel** [mɔn otɛl]
el cine	**le cinéma** [lə sinema]
una parada de taxis	**un arrêt de taxi** [œn arɛ də taksi]
un cajero automático	**un distributeur** [œ̃ distribytœ:r]
una oficina de cambio	**un bureau de change** [œ̃ byro də ʃɑ̃ʒ]
un cibercafé	**un café internet** [œ̃ kafe ɛ̃tɛrnɛt]
la calle …	**la rue …** [la ry …]
este lugar	**cette place-ci** [sɛt plas-si]
¿Sabe usted dónde está …?	**Savez-vous où se trouve …?** [save vu u sə truv …?]
¿Cómo se llama esta calle?	**Quelle est cette rue?** [kɛl ɛ sɛt ry?]
Muestreme dónde estamos ahora.	**Montrez-moi où sommes-nous,** **s'il vous plaît.** [mɔ̃tre-mwa u sɔm-nu, sil vu plɛ]
¿Puedo llegar a pie?	**Est-ce que je peux y aller à pied?** [ɛskə ʒə pø i ale a pje?]
¿Tiene un mapa de la ciudad?	**Avez-vous une carte de la ville?** [ave vu yn kart də la vil?]
¿Cuánto cuesta la entrada?	**C'est combien pour un ticket?** [sɛ kɔ̃bjɛ̃ pur œ̃ tikɛ?]
¿Se pueden hacer fotos aquí?	**Est-ce que je peux faire des photos?** [ɛskə ʒə pø fɛr de fɔto?]
¿Está abierto?	**Êtes-vous ouvert?** [ɛt-vu uvɛ:r?]

¿A qué hora abren? **À quelle heure ouvrez-vous?**
[a kɛl œr uvre-vu?]

¿A qué hora cierran? **À quelle heure fermez-vous?**
[a kɛl œr fɛrme-vu?]

Dinero

dinero	**argent** [arʒɑ̃]
efectivo	**argent liquide** [arʒɑ̃ likid]
billetes	**des billets** [de bijɛ]
monedas	**petite monnaie** [pətit mɔnɛ]
la cuenta | el cambio | la propina	**l'addition | de la monnaie | le pourboire** [ladisjɔ̃ | də la mɔnɛ | lə purbwar]
la tarjeta de crédito	**carte de crédit** [kart də kredi]
la cartera	**portefeuille** [pɔrtəfœj]
comprar	**acheter** [aʃte]
pagar	**payer** [peje]
la multa	**amende** [amɑ̃d]
gratis	**gratuit** [gratɥi]
¿Dónde puedo comprar ...?	**Où puis-je acheter ... ?** [u pɥiʒ aʃte ...?]
¿Está el banco abierto ahora?	**Est-ce que la banque est ouverte en ce moment?** [ɛskə la bɑ̃k ɛtuvɛrt ɑ̃ sə mɔmɑ̃?]
¿A qué hora abre?	**À quelle heure ouvre-t-elle?** [a kɛl œr uvr-tɛl?]
¿A qué hora cierra?	**À quelle heure ferme-t-elle?** [a kɛl œr fɛrm-tɛl?]
¿Cuánto cuesta?	**C'est combien?** [sɛ kɔ̃bjɛ̃?]
¿Cuánto cuesta esto?	**Combien ça coûte?** [kɔ̃bjɛ̃ sa kut?]
Es muy caro.	**C'est trop cher.** [sɛ tro ʃɛ:r]

Perdone, ¿dónde está la caja?	**Excusez-moi, où est la caisse?** [ɛkskyze mwa, u ɛ la kɛs?]
La cuenta, por favor.	**L'addition, s'il vous plaît.** [ladisjɔ̃, sil vu plɛ]
¿Puedo pagar con tarjeta?	**Puis-je payer avec la carte?** [pɥiʒ peje avɛk la kart?]
¿Hay un cajero por aquí?	**Est-ce qu'il y a un distributeur ici?** [ɛskilja œ̃ distribytœːr isi?]
Busco un cajero automático.	**Je cherche un distributeur.** [ʒə ʃɛrʃ œ̃ distribytœːr]

Busco una oficina de cambio.	**Je cherche un bureau de change.** [ʒə ʃɛrʃ œ̃ byro də ʃɑ̃ːʒ]
Quisiera cambiar ...	**Je voudrais changer ...** [ʒə vudrɛ ʃɑ̃ʒe ...]
¿Cuál es el tipo de cambio?	**Quel est le taux de change?** [kɛl ɛ lə to də ʃɑ̃ːʒ?]
¿Necesita mi pasaporte?	**Avez-vous besoin de mon passeport?** [ave vu bəzwɛ̃ də mɔ̃ paspɔːr?]

Tiempo

¿Qué hora es?	**Quelle heure est-il?** [kɛl œr ɛ-til?]
¿Cuándo?	**Quand?** [kɑ̃?]
¿A qué hora?	**À quelle heure?** [a kɛl œ:r?]
ahora | luego | después de …	**maintenant | plus tard | après …** [mɛ̃tnɑ̃ | ply tar | aprɛ …]
la una	**une heure** [yn œ:r]
la una y cuarto	**une heure et quart** [yn œ:r e kar]
la una y medio	**une heure et demie** [yn œ:r e dəmi]
las dos menos cuarto	**deux heures moins quart** [døzœr mwɛ̃ kar]
una | dos | tres	**un | deux | trois** [œ̃ | dø | trwɑ]
cuatro | cinco | seis	**quatre | cinq | six** [katr | sɛ̃k | sis]
siete | ocho | nueve	**sept | huit | neuf** [sɛt | ɥit | nœf]
diez | once | doce	**dix | onze | douze** [dis | ɔ̃z | duz]
en …	**dans …** [dɑ̃ …]
cinco minutos	**cinq minutes** [sɛ̃k minyt]
diez minutos	**dix minutes** [di minyt]
quince minutos	**quinze minutes** [kɛ̃z minyt]
veinte minutos	**vingt minutes** [vɛ̃ minyt]
media hora	**une demi-heure** [yn dəmiœr]
una hora	**une heure** [yn œ:r]
por la mañana	**dans la matinée** [dɑ̃ la matine]

por la mañana temprano	**tôt le matin** [to lə matɛ̃]
esta mañana	**ce matin** [sə matɛ̃]
mañana por la mañana	**demain matin** [dəmɛ̃ matɛ̃]

al mediodía	**à midi** [a midi]
por la tarde	**dans l'après-midi** [dɑ̃ laprɛmidi]
por la noche	**dans la soirée** [dɑ̃ la sware]
esta noche	**ce soir** [sə swar]

por la noche	**la nuit** [la nɥi]
ayer	**hier** [jɛr]
hoy	**aujourd'hui** [oʒurdɥi]
mañana	**demain** [dəmɛ̃]
pasado mañana	**après-demain** [aprɛdmɛ̃]

¿Qué día es hoy?	**Quel jour sommes-nous aujourd'hui?** [kɛl ʒur sɔm-nu oʒurdɥi?]
Es ...	**Nous sommes ...** [nu sɔm ...]
lunes	**lundi** [lœ̃di]
martes	**mardi** [mɑrdi]
miércoles	**mercredi** [mɛrkrədi]

jueves	**jeudi** [ʒødi]
viernes	**vendredi** [vɑ̃drədi]
sábado	**samedi** [samdi]
domingo	**dimanche** [dimɑ̃ʃ]

Saludos. Presentaciones.

Hola.

Bonjour.
[bɔ̃ʒuːr]

Encantado /Encantada/ de conocerle.

Enchanté /Enchantée/
[ɑ̃ʃɑ̃te]

Yo también.

Moi aussi.
[mwa osi]

Le presento a ...

Je voudrais vous présenter ...
[ʒə vudrɛ vu prezɑ̃te ...]

Encantado.

Ravi /Ravie/ de vous rencontrer.
[ravi də vu rɑ̃kɔ̃tre.]

¿Cómo está?

Comment allez-vous?
[kɔmɑ̃talevu?]

Me llamo ...

Je m'appelle ...
[ʒə mapɛl ...]

Se llama ...

Il s'appelle ...
[il sapɛl ...]

Se llama ...

Elle s'appelle ...
[ɛl sapɛl ...]

¿Cómo se llama (usted)?

Comment vous appelez-vous?
[kɔmɑ̃ vuzaple-vu?]

¿Cómo se llama (él)?

Quel est son nom?
[kɛl ɛ sɔ̃ nɔ̃?]

¿Cómo se llama (ella)?

Quel est son nom?
[kɛl ɛ sɔ̃ nɔ̃?]

¿Cuál es su apellido?

Quel est votre nom de famille?
[kɛl ɛ vɔtr nɔ̃ də famij?]

Puede llamarme ...

Vous pouvez m'appeler ...
[vu puve maple ...]

¿De dónde es usted?

D'où êtes-vous?
[du ɛt-vu?]

Yo soy de ....

Je suis de ...
[ʒə sɥi də ...]

¿A qué se dedica?

Qu'est-ce que vous faites dans la vie?
[kɛs kə vu fɛt dɑ̃ la vi?]

¿Quién es?

Qui est-ce?
[ki ɛs?]

¿Quién es él?

Qui est-il?
[ki ɛ-til?]

¿Quién es ella?

Qui est-elle?
[ki ɛtɛl?]

¿Quiénes son?

Qui sont-ils?
[ki sɔ̃ til?]

Este es …	**C'est …**
	[sɛ …]
mi amigo	**mon ami**
	[mɔn ami]
mi amiga	**mon amie**
	[mɔn ami]
mi marido	**mon mari**
	[mɔ̃ mari]
mi mujer	**ma femme**
	[ma fam]
mi padre	**mon père**
	[mɔ̃ pɛr]
mi madre	**ma mère**
	[ma mɛr]
mi hermano	**mon frère**
	[mɔ̃ frɛr]
mi hermana	**ma soeur**
	[ma sœr]
mi hijo	**mon fils**
	[mɔ̃ fis]
mi hija	**ma fille**
	[ma fij]
Este es nuestro hijo.	**C'est notre fils.**
	[sɛ nɔtr fis]
Esta es nuestra hija.	**C'est notre fille.**
	[sɛ nɔtr fij]
Estos son mis hijos.	**Ce sont mes enfants.**
	[sə sɔ̃ mezɑ̃fɑ̃]
Estos son nuestros hijos.	**Ce sont nos enfants.**
	[sə sɔ̃ nozɑ̃fɑ̃]

Despedidas

¡Adiós!

Au revoir!
[o rəvwa:r!]

¡Chau!

Salut!
[saly!]

Hasta mañana.

À demain.
[a dəmɛ̃]

Hasta pronto.

À bientôt.
[a bjɛ̃to]

Te veo a las siete.

On se revoit à sept heures.
[ɔ̃ sə rəvwa a sɛt œ:r]

¡Que se diviertan!

Amusez-vous bien!
[amyze vu bjɛ̃!]

Hablamos más tarde.

On se voit plus tard.
[ɔ̃ sə vwa ply ta:r]

Que tengas un buen fin de semana.

Bonne fin de semaine.
[bɔn fɛ̃ də səmɛn]

Buenas noches.

Bonne nuit.
[bɔn nyi]

Es hora de irme.

Il est l'heure que je parte.
[il ɛ lœr kə ʒə part]

Tengo que irme.

Je dois m'en aller.
[ʒə dwa mɑ̃nale]

Ahora vuelvo.

Je reviens tout de suite.
[ʒə rəvjɛ̃ tu də syit]

Es tarde.

Il est tard.
[il ɛ ta:r]

Tengo que levantarme temprano.

Je dois me lever tôt.
[ʒə dwa mə ləve to]

Me voy mañana.

Je pars demain.
[ʒə par dəmɛ̃]

Nos vamos mañana.

Nous partons demain.
[nu partɔ̃ dəmɛ̃]

¡Que tenga un buen viaje!

Bon voyage!
[bɔ̃ vwaja:ʒ!]

Ha sido un placer.

Enchanté de faire votre connaissance.
[ɑ̃ʃɑ̃te də fɛr vɔtr kɔnɛsɑ̃:s]

Fue un placer hablar con usted.

**Heureux /Heureuse/
d'avoir parlé avec vous.**
[ørø /ørøz/
davwar parle avɛk vu]

Gracias por todo.	**Merci pour tout.** [mɛrsi pur tu]
Lo he pasado muy bien.	**Je me suis vraiment amusé /amusée/** [ʒə mə sɥi vrɛmɑ̃ amyze]
Lo pasamos muy bien.	**Nous nous sommes vraiment amusés /amusées/** [nu nu sɔm vrɛmɑ̃ amyze]
Fue genial.	**C'était vraiment plaisant.** [setɛ vrɛmɑ̃ plɛzɑ̃]
Le voy a echar de menos.	**Vous allez me manquer.** [vuzale mə mɑ̃ke]
Le vamos a echar de menos.	**Vous allez nous manquer.** [vuzale nu mɑ̃ke]
¡Suerte!	**Bonne chance!** [bɔn ʃɑ̃:s!]
Saludos a …	**Mes salutations à …** [me salytasjɔ̃ a …]

Idioma extranjero

No entiendo.

Je ne comprends pas.
[ʒə nə kɔ̃prɑ̃ pa]

Escríbalo, por favor.

Écrivez-le, s'il vous plaît.
[ekrive lə, sil vu plɛ]

¿Habla usted ...?

Parlez-vous ...?
[parle vu ...?]

Hablo un poco de ...

Je parle un peu ...
[ʒə parl œ̃ pø ...]

inglés

anglais
[ɑ̃glɛ]

turco

turc
[tyrk]

árabe

arabe
[arab]

francés

français
[frɑ̃sɛ]

alemán

allemand
[almɑ̃]

italiano

italien
[italjɛ̃]

español

espagnol
[ɛspaɲɔl]

portugués

portugais
[pɔrtygɛ]

chino

chinois
[ʃinwa]

japonés

japonais
[ʒapɔnɛ]

¿Puede repetirlo, por favor?

Pouvez-vous le répéter, s'il vous plaît.
[puve vu lə repete, sil vu plɛ]

Lo entiendo.

Je comprends.
[ʒə kɔ̃prɑ̃]

No entiendo.

Je ne comprends pas.
[ʒə nə kɔ̃prɑ̃ pa]

Hable más despacio, por favor.

Parlez plus lentement, s'il vous plaît.
[parle ply lɑ̃tmɑ̃, sil vu plɛ]

¿Está bien?

Est-ce que c'est correct?
[ɛskə sɛ kɔrrɛkt?]

¿Qué es esto? (¿Que significa esto?)

Qu'est-ce que c'est?
[kɛskə sɛ?]

Disculpas

Perdone, por favor.	**Excusez-moi, s'il vous plaît.** [ɛkskyze mwa, sil vu plɛ]
Lo siento.	**Je suis désolé /désolée/** [ʒə sɥi dezɔle]
Lo siento mucho.	**Je suis vraiment désolé /désolée/.** [ʒə sɥi vrɛmã dezɔle]
Perdón, fue culpa mía.	**Désolé /Désolée/, c'est ma faute.** [dezɔle, sɛ ma fot]
Culpa mía.	**Au temps pour moi.** [otã pur mwa]

¿Puedo …?	**Puis-je … ?** [pɥiʒ …?]
¿Le molesta si …?	**Ça vous dérange si je …?** [sa vu derãʒ si ʒə …?]
¡No hay problema! (No pasa nada.)	**Ce n'est pas grave.** [sə nɛ pɑ gra:v]
Todo está bien.	**Ça va.** [sa va]
No se preocupe.	**Ne vous inquiétez pas.** [nə vuzɛ̃kjete pɑ]

Acuerdos

Sí.	**Oui** [wi]
Sí, claro.	**Oui, bien sûr.** [wi, bjɛ̃ syːr]
Bien.	**Bien.** [bjɛ̃]
Muy bien.	**Très bien.** [trɛ bjɛ̃]
¡Claro que sí!	**Bien sûr!** [bjɛ̃syːr!]
Estoy de acuerdo.	**Je suis d'accord.** [ʒə sɥi dakɔːr]

Es verdad.	**C'est correct.** [sɛ kɔrrɛkt]
Es correcto.	**C'est exact.** [sɛtɛgzakt]
Tiene razón.	**Vous avez raison.** [vuzave rɛzɔ̃]
No me molesta.	**Je ne suis pas contre.** [ʒə nə sɥi pɑ kɔ̃tr]
Es completamente cierto.	**Tout à fait correct.** [tutafɛ kɔrrɛkt]

Es posible.	**C'est possible.** [sɛ pɔsibl]
Es una buena idea.	**C'est une bonne idée.** [sɛtyn bɔn ide]
No puedo decir que no.	**Je ne peux pas dire non.** [ʒə nə pø pɑ dir nɔ̃]
Estaré encantado /encantada/.	**J'en serai ravi /ravie/** [ʒɑ̃ səre ravi:]
Será un placer.	**Avec plaisir.** [avɛk pleziːr]

Rechazo. Expresar duda

No.

Non
[nõ]

Claro que no.

Absolument pas.
[absɔlymã pɑ]

No estoy de acuerdo.

Je ne suis pas d'accord.
[ʒə nə sɥi pɑ dakɔːr]

No lo creo.

Je ne le crois pas.
[ʒə nə lə krwa pɑ]

No es verdad.

Ce n'est pas vrai.
[sə nɛ pɑ vrɛ]

No tiene razón.

Vous avez tort.
[vuzave tɔːr]

Creo que no tiene razón.

Je pense que vous avez tort.
[ʒə pɑ̃s kə vuzave tɔːr]

No estoy seguro /segura/.

Je ne suis pas sûr /sûre/
[ʒə nə sɥi pɑ syːr]

No es posible.

C'est impossible.
[sɛtɛ̃pɔsibl]

¡Nada de eso!

Pas du tout!
[pɑ dy tu!]

Justo lo contrario.

Au contraire!
[o kõtrɛːr!]

Estoy en contra de ello.

Je suis contre.
[ʒə sɥi kõtr]

No me importa. (Me da igual.)

Ça m'est égal.
[sa mɛ tegal]

No tengo ni idea.

Je n'ai aucune idée.
[ʒə ne okyn ide]

Dudo que sea así.

Je doute que cela soit ainsi.
[ʒə dut kə səla swa ɛ̃si]

Lo siento, no puedo.

Désolé /Désolée/, je ne peux pas.
[dezɔle, ʒə nə pø pɑ]

Lo siento, no quiero.

Désolé /Désolée/, je ne veux pas.
[dezɔle, ʒə nə vø pɑ]

Gracias, pero no lo necesito.

Merci, mais ça ne m'intéresse pas.
[mɛrsi, mɛ sa nə mɛ̃terɛs pɑ]

Ya es tarde.

Il se fait tard.
[il sə fɛ taːr]

Tengo que levantarme temprano.

Je dois me lever tôt.
[ʒə dwa mə ləve to]

Me encuentro mal.

Je ne me sens pas bien.
[ʒə nə mə sɑ̃ pɑ bjɛ̃]

Expresar gratitud

Gracias.

Merci.
[mɛrsi]

Muchas gracias.

Merci beaucoup.
[mɛrsi boku]

De verdad lo aprecio.

Je l'apprécie beaucoup.
[ʒə lapresi boku]

Se lo agradezco.

Je vous suis très reconnaissant.
[ʒə vu sɥi trɛ rəkɔnɛsɑ̃]

Se lo agradecemos.

**Nous vous sommes
très reconnaissant.**
[nu vu sɔm
trɛ rəkɔnɛsɑ̃]

Gracias por su tiempo.

Merci pour votre temps.
[mɛrsi pur vɔtr tɑ̃]

Gracias por todo.

Merci pour tout.
[mɛrsi pur tu]

Gracias por ...

Merci pour ...
[mɛrsi pur ...]

su ayuda

votre aide
[vɔtr ɛd]

tan agradable momento

les bons moments passés
[le bɔ̃ mɔmɑ̃ pɑse]

una comida estupenda

un repas merveilleux
[œ̃ rəpɑ mɛrvɛjø]

una velada tan agradable

cette agréable soirée
[sɛt agreabl sware]

un día maravilloso

cette merveilleuse journée
[sɛt mɛrvɛjøz ʒurne]

un viaje increíble

une excursion extraordinaire
[yn ɛkskyrsjɔ̃ ɛkstraɔrdinɛr]

No hay de qué.

Il n'y a pas de quoi.
[il njapɑ də kwa]

De nada.

Je vous en prie.
[ʒə vuzɑ̃pri]

Siempre a su disposición.

Mon plaisir.
[mɔ̃ plezi:r]

Encantado /Encantada/ de ayudarle.

**J'ai été heureux /heureuse/
de vous aider.**
[ʒe ete ørø /ørøz/
də vuzɛde]

No hay de qué.

Ça va. N'y pensez plus.
[sa va. ni pɑ̃se ply]

No tiene importancia.

Ne vous inquiétez pas.
[nə vuzɛ̃kjete pɑ]

Felicitaciones , Mejores Deseos

¡Felicidades!	**Félicitations!** [felisitasjɔ̃!]
¡Feliz Cumpleaños!	**Joyeux anniversaire!** [ʒwajø zanivɛrsɛ:r!]
¡Feliz Navidad!	**Joyeux Noël!** [ʒwajø nɔɛl!]
¡Feliz Año Nuevo!	**Bonne Année!** [bɔn ane!]

¡Felices Pascuas!	**Joyeuses Pâques!** [ʒwajøz pɑk!]
¡Feliz Hanukkah!	**Joyeux Hanoukka!** [ʒwajø anuka!]

Quiero brindar.	**Je voudrais proposer un toast.** [ʒə vudrɛ prɔpoze œ̃ tost]
¡Salud!	**Santé!** [sɑ̃te!]
¡Brindemos por ...!	**Buvons à ...!** [byvɔ̃ a ...!]
¡A nuestro éxito!	**À notre succès!** [a nɔtr syksɛ!]
¡A su éxito!	**À votre succès!** [a vɔtr syksɛ!]

¡Suerte!	**Bonne chance!** [bɔn ʃɑ̃:s!]
¡Que tenga un buen día!	**Bonne journée!** [bɔn ʒurne!]
¡Que tenga unas buenas vacaciones!	**Passez de bonnes vacances !** [pɑse də bɔn vakɑ̃s!]
¡Que tenga un buen viaje!	**Bon voyage!** [bɔ̃ vwaja:ʒ!]
¡Espero que se recupere pronto!	**Rétablissez-vous vite.** [retablise-vu vit]

Socializarse

¿Por qué está triste?	**Pourquoi êtes-vous si triste?** [purkwa ɛt-vu si trist?]
¡Sonría! ¡Anímese!	**Souriez!** [surje!]
¿Está libre esta noche?	**Êtes-vous libre ce soir?** [ɛt-vu libr sə swa:r?]

¿Puedo ofrecerle algo de beber?	**Puis-je vous offrir un verre?** [pɥiʒ vu zɔfrir œ̃ vɛ:r?]
¿Querría bailar conmigo?	**Voulez-vous danser?** [vule-vu dɑ̃se?]
Vamos a ir al cine.	**Et si on va au cinéma?** [e si ɔ̃va o sinema?]

¿Puedo invitarle a ...?	**Puis-je vous inviter ...?** [pɥiʒ vu zɛ̃vite ...?]
un restaurante	**au restaurant** [o rɛstɔrɑ̃]
el cine	**au cinéma** [o sinema]
el teatro	**au théâtre** [o teɑtr]
dar una vuelta	**pour une promenade** [pur yn prɔmnad]

¿A qué hora?	**À quelle heure?** [a kɛl œ:r?]
esta noche	**ce soir** [sə swar]
a las seis	**à six heures** [a siz œ:r]
a las siete	**à sept heures** [a sɛt œ:r]
a las ocho	**à huit heures** [a ɥit œ:r]
a las nueve	**à neuf heures** [a nœv œ:r]

¿Le gusta este lugar?	**Est-ce que vous aimez cet endroit?** [ɛskə vuzɛme sɛt ɑ̃drwa?]
¿Está aquí con alguien?	**Êtes-vous ici avec quelqu'un?** [ɛt-vu isi avɛk kelkœ̃?]
Estoy con mi amigo /amiga/.	**Je suis avec mon ami.** [ʒə sɥi avɛk mɔn ami]

Estoy con amigos.	**Je suis avec mes amis.** [ʒə sɥi avɛk mezami]
No, estoy solo /sola/.	**Non, je suis seul /seule/** [nɔ̃, ʒə sɥi sœl]

¿Tienes novio?	**As-tu un copain?** [a ty œ̃ kɔpɛ̃?]
Tengo novio.	**J'ai un copain.** [ʒe œ̃ kɔpɛ̃]
¿Tienes novia?	**As-tu une copine?** [a ty yn kɔpin?]
Tengo novia.	**J'ai une copine.** [ʒe yn kɔpin]

¿Te puedo volver a ver?	**Est-ce que je peux te revoir?** [ɛskə ʒə pø tə rəvwa:r?]
¿Te puedo llamar?	**Est-ce que je peux t'appeler?** [ɛskə ʒə pø taple?]
Llámame.	**Appelle-moi.** [apɛl mwa]
¿Cuál es tu número?	**Quel est ton numéro?** [kɛl ɛ tɔ̃ nymero?]
Te echo de menos.	**Tu me manques.** [ty mə mɑ̃:k]

¡Qué nombre tan bonito!	**Vous avez un très beau nom.** [vuzave œ̃ trɛ bo nɔ̃]
Te quiero.	**Je t'aime.** [ʒə tɛm]
¿Te casarías conmigo?	**Veux-tu te marier avec moi?** [vø-ty tə marje avɛk mwa?]
¡Está de broma!	**Vous plaisantez!** [vu plɛzɑ̃te!]
Sólo estoy bromeando.	**Je plaisante.** [ʒə plɛzɑ̃:t]

¿En serio?	**Êtes-vous sérieux /sérieuse/?** [ɛt-vu serjø /serjøz/?]
Lo digo en serio.	**Je suis sérieux /sérieuse/** [ʒə sɥi serjø /serjøz/]
¿De verdad?	**Vraiment?!** [vrɛmɑ̃?!]
¡Es increíble!	**C'est incroyable!** [sɛtɛ̃krwajabl!]
No le creo.	**Je ne vous crois pas.** [ʒə nə vu krwa pɑ]
No puedo.	**Je ne peux pas.** [ʒə nə pø pɑ]
No lo sé.	**Je ne sais pas.** [ʒə nə sɛ pɑ]
No le entiendo.	**Je ne vous comprends pas** [ʒə nə vu kɔ̃prɑ̃ pɑ]

Váyase, por favor.

Laissez-moi! Allez-vous-en!
[lɛse-mwa! ale-vuzɑ̃!]

¡Déjeme en paz!

Laissez-moi tranquille!
[lɛse-mwa trɑ̃kil!]

Es inaguantable.

Je ne le supporte pas.
[ʒə nə lə sypɔrt pɑ]

¡Es un asqueroso!

Vous êtes dégoûtant!
[vuzɛt degutɑ̃!]

¡Llamaré a la policía!

Je vais appeler la police!
[ʒə ve aple la pɔlis!]

Compartir impresiones. Emociones

Me gusta.	**J'aime ça.** [ʒɛm sa]
Muy lindo.	**C'est gentil.** [sɛ ʒãti]
¡Es genial!	**C'est super!** [sɛ sypɛr!]
No está mal.	**C'est assez bien.** [sɛtase bjɛ̃]

No me gusta.	**Je n'aime pas ça.** [ʒə nɛm pɑ sa]
No está bien.	**Ce n'est pas bien.** [sə nɛ pɑ bjɛ̃]
Está mal.	**C'est mauvais.** [sɛ mɔvɛ]
Está muy mal.	**Ce n'est pas bien du tout.** [sə nɛ pɑ bjɛ̃ dy tu]
¡Qué asco!	**C'est dégoûtant.** [sɛ degutã]

Estoy feliz.	**Je suis content /contente/** [ʒə sɥi kõtã /kõtãt/]
Estoy contento /contenta/.	**Je suis heureux /heureuse/** [ʒə sɥi ørø /ørøz/]
Estoy enamorado /enamorada/.	**Je suis amoureux /amoureuse/** [ʒə sɥi amurø /amurøz/]
Estoy tranquilo.	**Je suis calme.** [ʒə sɥi kalm]
Estoy aburrido.	**Je m'ennuie.** [ʒə mãnɥi]

Estoy cansado /cansada/.	**Je suis fatigué /fatiguée/** [ʒə sɥi fatige]
Estoy triste.	**Je suis triste.** [ʒə sɥi trist]
Estoy asustado.	**J'ai peur.** [ʒə pœːr]
Estoy enfadado /enfadada/.	**Je suis fâché /fâchée/** [ʒə sɥi faʃe]

Estoy preocupado /preocupada/.	**Je suis inquiet /inquiète/** [ʒə sɥi ɛ̃kjɛ /ɛ̃kjɛt/]
Estoy nervioso /nerviosa/.	**Je suis nerveux /nerveuse/** [ʒə sɥi nɛrvø /nɛrvøz/]

Estoy celoso /celosa/.

Je suis jaloux /jalouse/
[ʒə sɥi ʒalu /ʒaluz/]

Estoy sorprendido /sorprendida/.

Je suis surpris /surprise/
[ʒə sɥi syrpri /syrpriz/]

Estoy perplejo /perpleja/.

Je suis gêné /gênée/
[ʒə sɥi ʒɛne]

Problemas, Accidentes

Tengo un problema.	**J'ai un problème.** [ʒe œ̃ prɔblɛm]
Tenemos un problema.	**Nous avons un problème.** [nuzavɔ̃ œ̃ prɔblɛm]
Estoy perdido /perdida/.	**Je suis perdu /perdue/** [ʒə sɥi pɛrdy]
Perdi el último autobús (tren).	**J'ai manqué le dernier bus (train).** [ʒe mɑ̃ke lə dɛrnje bys (trɛ̃)]
No me queda más dinero.	**Je n'ai plus d'argent.** [ʒə ne ply darʒɑ̃]

He perdido …	**J'ai perdu mon …** [ʒe pɛrdy mɔ̃ …]
Me han robado …	**On m'a volé mon …** [ɔ̃ ma vɔle mɔ̃ …]
mi pasaporte	**passeport** [paspɔːr]
mi cartera	**portefeuille** [pɔrtəfœj]
mis papeles	**papiers** [papje]
mi billete	**billet** [bijɛ]

mi dinero	**argent** [arʒɑ̃]
mi bolso	**sac à main** [sak a mɛ̃]
mi cámara	**appareil photo** [aparɛj fɔto]
mi portátil	**portable** [pɔrtabl]
mi tableta	**ma tablette** [ma tablɛt]
mi teléfono	**mobile** [mɔbil]

¡Ayúdeme!	**Au secours!** [o səkuːr!]
¿Qué pasó?	**Qu'est-il arrivé?** [kɛtil arive?]
el incendio	**un incendie** [œn ɛ̃sɑ̃di]

un tiroteo	**des coups de feu** [de ku də fø]
el asesinato	**un meurtre** [œ̃ mœrtr]
una explosión	**une explosion** [yn ɛksplozjɔ̃]
una pelea	**une bagarre** [yn bagar]

¡Llame a la policía!	**Appelez la police!** [aple la pɔlis!]
¡Más rápido, por favor!	**Dépêchez-vous, s'il vous plaît!** [depɛʃe-vu, sil vu plɛ!]
Busco la comisaría.	**Je cherche le commissariat de police.** [ʒə ʃɛrʃ lə kɔmisarja də pɔlis]
Tengo que hacer una llamada.	**Il me faut faire un appel.** [il mə fo fɛr œn apɛl]
¿Puedo usar su teléfono?	**Puis-je utiliser votre téléphone?** [pɥiʒ ytilize vɔtr telefɔn?]

Me han …	**J'ai été …** [ʒe ete …]
asaltado /asaltada/	**agressé /agressée/** [agrɛse]
robado /robada/	**volé /volée/** [vɔle]
violada	**violée** [vjɔle]
atacado /atacada/	**attaqué /attaquée/** [atake]

¿Se encuentra bien?	**Est-ce que ça va?** [ɛskə sa va?]
¿Ha visto quien a sido?	**Avez-vous vu qui c'était?** [ave vu vy ki setɛ?]
¿Sería capaz de reconocer a la persona?	**Pourriez-vous reconnaître cette personne?** [purje-vu rəkɔnɛtr sɛt pɛrsɔn?]
¿Está usted seguro?	**Vous êtes sûr?** [vuzɛt sy:r?]

Por favor, cálmese.	**Calmez-vous, s'il vous plaît.** [kalme-vu, sil vu plɛ]
¡Cálmese!	**Calmez-vous!** [kalme-vu!]
¡No se preocupe!	**Ne vous inquiétez pas.** [nə vuzɛ̃kjete pɑ]
Todo irá bien.	**Tout ira bien.** [tutira bjɛ̃]
Todo está bien.	**Ça va. Tout va bien.** [sa va. tu va bjɛ̃]

Venga aquí, por favor.	**Venez ici, s'il vous plaît.** [vəne isi, sil vu plɛ]
Tengo unas preguntas para usted.	**J'ai des questions à vous poser.** [ʒe de kɛstjɔ̃ a vu poze]
Espere un momento, por favor.	**Attendez un moment, s'il vous plaît.** [atɑ̃de œ̃ mɔmɑ̃, sil vu plɛ]
¿Tiene un documento de identidad?	**Avez-vous une carte d'identité?** [ave vu yn kart didɑ̃tite?]
Gracias. Puede irse ahora.	**Merci. Vous pouvez partir maintenant.** [mɛrsi. vu puve partir mɛ̃tnɑ̃]
¡Manos detrás de la cabeza!	**Les mains derrière la tête!** [le mɛ̃ dɛrjɛr la tɛt!]
¡Está arrestado!	**Vous êtes arrêté!** [vuzɛt arɛte!]

Problemas de salud

Ayudeme, por favor.	**Aidez-moi, s'il vous plaît.** [ɛde-mwa, sil vu plɛ]
No me encuentro bien.	**Je ne me sens pas bien.** [ʒə nə mə sɑ̃ pɑ bjɛ̃]
Mi marido no se encuentra bien.	**Mon mari ne se sent pas bien.** [mɔ̃ mari nə sə sɑ̃ pɑ bjɛ̃]
Mi hijo ...	**Mon fils ...** [mɔ̃ fis ...]
Mi padre ...	**Mon père ...** [mɔ̃ pɛr ...]
Mi mujer no se encuentra bien.	**Ma femme ne se sent pas bien.** [ma fam nə sə sɑ̃ pɑ bjɛ̃]
Mi hija ...	**Ma fille ...** [ma fij ...]
Mi madre ...	**Ma mère ...** [ma mɛr ...]
Me duele ...	**J'ai mal ...** [ʒe mal ...]
la cabeza	**à la tête** [a la tɛt]
la garganta	**à la gorge** [a la gɔrʒ]
el estómago	**à l'estomac** [a lɛstɔma]
un diente	**aux dents** [o dɑ̃]
Estoy mareado.	**J'ai le vertige.** [ʒe lə vɛrti:ʒ]
Él tiene fiebre.	**Il a de la fièvre.** [il a də la fjɛ:vr]
Ella tiene fiebre.	**Elle a de la fièvre.** [ɛl a də la fjɛ:vr]
No puedo respirar.	**Je ne peux pas respirer.** [ʒə nə pø pɑ rɛspire]
Me ahogo.	**J'ai du mal à respirer.** [ʒe dy mal a rɛspire]
Tengo asma.	**Je suis asthmatique.** [ʒə sɥi asmatik]
Tengo diabetes.	**Je suis diabétique.** [ʒə sɥi djabetik]

No puedo dormir.

Je ne peux pas dormir.
[ʒə nə pø pɑ dɔrmiːr]

intoxicación alimentaria

intoxication alimentaire
[ɛ̃tɔksikasjɔ̃ alimɑ̃tɛr]

Me duele aquí.

Ça fait mal ici.
[sa fɛ mal isi]

¡Ayúdeme!

Aidez-moi!
[ɛde-mwa!]

¡Estoy aquí!

Je suis ici!
[ʒə sɥi isi!]

¡Estamos aquí!

Nous sommes ici!
[nu sɔm isi!]

¡Saquenme de aquí!

Sortez-moi d'ici!
[sɔrte mwa disi!]

Necesito un médico.

J'ai besoin d'un docteur.
[ʒe bəzwɛ̃ dœ̃ dɔktœːr]

No me puedo mover.

Je ne peux pas bouger!
[ʒə nə pø pɑ buʒe!]

No puedo mover mis piernas.

Je ne peux pas bouger mes jambes.
[ʒə nə pø pɑ buʒe me ʒɑ̃ːb]

Tengo una herida.

Je suis blessé /blessée/
[ʒə sɥi blɛse]

¿Es grave?

Est-ce que c'est sérieux?
[ɛskə sɛ serjø?]

Mis documentos están en mi bolsillo.

Mes papiers sont dans ma poche.
[me papje sɔ̃ dɑ̃ ma pɔʃ]

¡Cálmese!

Calmez-vous!
[kalme vu!]

¿Puedo usar su teléfono?

Puis-je utiliser votre téléphone?
[pɥiʒ ytilize vɔtr telefɔn?]

¡Llame a una ambulancia!

Appelez une ambulance!
[aple yn ɑ̃bylɑ̃ːs!]

¡Es urgente!

C'est urgent!
[sɛtyrʒɑ̃!]

¡Es una emergencia!

C'est une urgence!
[sɛtyn yrʒɑ̃ːs!]

¡Más rápido, por favor!

Dépêchez-vous, s'il vous plaît!
[depɛʃe-vu, sil vu plɛ!]

¿Puede llamar a un médico, por favor?

Appelez le docteur, s'il vous plaît.
[aple lə dɔktœːr, sil vu plɛ]

¿Dónde está el hospital?

Où est l'hôpital?
[u ɛ lɔpital?]

¿Cómo se siente?

Comment vous sentez-vous?
[kɔmɑ̃ vu sɑ̃te-vu?]

¿Se encuentra bien?

Est-ce que ça va?
[ɛskə sa va?]

¿Qué pasó?

Qu'est-il arrivé?
[kɛtil arive?]

Me encuentro mejor.	**Je me sens mieux maintenant.** [ʒə mə sã mjø mɛ̃tnɑ̃]
Está bien.	**Ça va. Tout va bien.** [sa va. tu va bjɛ̃]
Todo está bien.	**Ça va.** [sa va]

En la farmacia

la farmacia	**pharmacie** [farmasi]
la farmacia 24 horas	**pharmacie 24 heures** [farmasi vɛ̃katr œr]
¿Dónde está la farmacia más cercana?	**Où se trouve la pharmacie la plus proche?** [u sə truv la farmasi la ply prɔʃ?]

¿Está abierta ahora?	**Est-elle ouverte en ce moment?** [ɛtɛl uvɛrt ɑ̃ sə mɔmɑ̃?]
¿A qué hora abre?	**À quelle heure ouvre-t-elle?** [a kɛl œr uvr tɛl?]
¿A qué hora cierra?	**à quelle heure ferme-t-elle?** [a kɛl œr fɛrm tɛl?]

¿Está lejos?	**C'est loin?** [sɛ lwɛ̃?]
¿Puedo llegar a pie?	**Est-ce que je peux y aller à pied?** [ɛskə ʒə pø i ale a pje?]
¿Puede mostrarme en el mapa?	**Pouvez-vous me le montrer sur la carte?** [puve vu mə lə mɔ̃tre syr la kart?]

Por favor, deme algo para ...	**Pouvez-vous me donner quelque chose contre ...** [puve vu mə dɔne kɛlkə ʃoz kɔ̃tr ...]
un dolor de cabeza	**le mal de tête** [lə mal də tɛt]
la tos	**la toux** [la tu]
el resfriado	**le rhume** [lə rym]
la gripe	**la grippe** [la grip]

la fiebre	**la fièvre** [la fjɛːvr]
un dolor de estomago	**un mal d'estomac** [œ̃ mal dɛstɔma]
nauseas	**la nausée** [la noze]

la diarrea	**la diarrhée** [la djare]
el estreñimiento	**la constipation** [la kɔ̃stipasjɔ̃]
un dolor de espalda	**un mal de dos** [œ̃ mal də do]
un dolor de pecho	**les douleurs de poitrine** [le dulœr də pwatrin]
el flato	**les points de côté** [le pwɛ̃ də kote]
un dolor abdominal	**les douleurs abdominales** [le dulœr abdɔminal]
la píldora	**une pilule** [yn pilyl]
la crema	**un onguent, une crème** [œn ɔ̃gɑ̃, yn krɛm]
el jarabe	**un sirop** [œ̃ siro]
el spray	**un spray** [œ̃ sprɛ]
las gotas	**les gouttes** [le gut]
Tiene que ir al hospital.	**Vous devez allez à l'hôpital.** [vu dəve ale a lɔpital]
el seguro de salud	**assurance maladie** [asyrɑ̃s maladi]
la receta	**prescription** [prɛskripsjɔ̃]
el repelente de insectos	**produit anti-insecte** [prɔdɥi ɑ̃ti-ɛ̃sɛkt]
la curita	**bandages adhésifs** [bɑ̃daʒ adezif]

Lo más imprescindible

Perdone, ...	**Excusez-moi, ...** [ɛkskyze mwa, ...]
Hola.	**Bonjour** [bɔ̃ʒuːr]
Gracias.	**Merci** [mɛrsi]

Sí.	**Oui** [wi]
No.	**Non** [nɔ̃]
No lo sé.	**Je ne sais pas.** [ʒə nə sɛ pɑ]
¿Dónde? | ¿A dónde? | ¿Cuándo?	**Où? | Où? | Quand?** [u? | u? | kɑ̃?]

Necesito ...	**J'ai besoin de ...** [ʒe bəzwɛ̃ də ...]
Quiero ...	**Je veux ...** [ʒə vø ...]
¿Tiene ...?	**Avez-vous ... ?** [ave vu ...?]
¿Hay ... por aquí?	**Est-ce qu'il y a ... ici?** [ɛs kilja ... isi?]
¿Puedo ...?	**Puis-je ... ?** [pɥiʒ ...?]
..., por favor? (petición educada)	**..., s'il vous plaît** [..., sil vu plɛ]

Busco ...	**Je cherche ...** [ʒə ʃɛrʃ ...]
el servicio	**les toilettes** [le twalɛt]
un cajero automático	**un distributeur** [œ̃ distribytœːr]
una farmacia	**une pharmacie** [yn farmasi]
el hospital	**l'hôpital** [lɔpital]

la comisaría	**le commissariat de police** [lə kɔmisarja də pɔlis]
el metro	**une station de métro** [yn stasjɔ̃ də metro]

un taxi	**un taxi** [œ̃ taksi]
la estación de tren	**la gare** [la gar]

Me llamo …	**Je m'appelle …** [ʒə mapɛl …]
¿Cómo se llama?	**Comment vous appelez-vous?** [kɔmɑ̃ vuzaple-vu?]
¿Puede ayudarme, por favor?	**Aidez-moi, s'il vous plaît.** [ɛde-mwa, sil vu plɛ]
Tengo un problema.	**J'ai un problème.** [ʒe œ̃ prɔblɛm]
Me encuentro mal.	**Je ne me sens pas bien.** [ʒə nə mə sɑ̃ pɑ bjɛ̃]
¡Llame a una ambulancia!	**Appelez une ambulance!** [aple yn ɑ̃bylɑ̃:s!]
¿Puedo llamar, por favor?	**Puis-je faire un appel?** [pɥiʒ fɛr œn apɛl?]

Lo siento.	**Excusez-moi.** [ɛkskyze mwa]
De nada.	**Je vous en prie.** [ʒə vuzɑ̃pri]

Yo	**je, moi** [ʒə, mwa]
tú	**tu, toi** [ty, twa]
él	**il** [il]
ella	**elle** [ɛl]
ellos	**ils** [il]
ellas	**elles** [ɛl]
nosotros /nosotras/	**nous** [nu]
ustedes, vosotros	**vous** [vu]
usted	**Vous** [vu]

ENTRADA	**ENTRÉE** [ɑ̃tre]
SALIDA	**SORTIE** [sɔrti]
FUERA DE SERVICIO	**HORS SERVICE	EN PANNE** [ɔr sɛrvis	ɑ̃ pan]
CERRADO	**FERMÉ** [fɛrme]

ABIERTO

OUVERT
[uvɛr]

PARA SEÑORAS

POUR LES FEMMES
[pur le fam]

PARA CABALLEROS

POUR LES HOMMES
[pur le zɔm]

T&P BOOKS

MINI DICCIONARIO

Esta sección contiene 250
palabras útiles necesarias
para la comunicación diaria.
Encontrará ahí los nombres
de los meses y de los días
de la semana.
El diccionario también
contiene temas relevantes
tales como colores, medidas,
familia, y más

T&P Books Publishing

CONTENIDO
DEL DICCIONARIO

T&P Books Publishing

tiempo (m)	**temps** (m)	[tɑ̃]
hora (f)	**heure** (f)	[œr]
media hora (f)	**demi-heure** (f)	[dəmijœr]
minuto (m)	**minute** (f)	[minyt]
segundo (m)	**seconde** (f)	[səgɔ̃d]
hoy (adv)	**aujourd'hui** (adv)	[oʒurdɥi]
mañana (adv)	**demain** (adv)	[dəmɛ̃]
ayer (adv)	**hier** (adv)	[ijɛr]
lunes (m)	**lundi** (m)	[lœ̃di]
martes (m)	**mardi** (m)	[mardi]
miércoles (m)	**mercredi** (m)	[mɛrkrədi]
jueves (m)	**jeudi** (m)	[ʒødi]
viernes (m)	**vendredi** (m)	[vɑ̃drədi]
sábado (m)	**samedi** (m)	[samdi]
domingo (m)	**dimanche** (m)	[dimɑ̃ʃ]
día (m)	**jour** (m)	[ʒur]
día (m) de trabajo	**jour** (m) **ouvrable**	[ʒur uvrabl]
día (m) de fiesta	**jour** (m) **férié**	[ʒur ferje]
fin (m) de semana	**week-end** (m)	[wikɛnd]
semana (f)	**semaine** (f)	[səmɛn]
semana (f) pasada	**la semaine dernière**	[la səmɛn dɛrnjɛr]
semana (f) que viene	**la semaine prochaine**	[la səmɛn prɔʃɛn]
por la mañana	**le matin**	[lə matɛ̃]
por la tarde	**dans l'après-midi**	[dɑ̃ laprɛmidi]
por la noche	**le soir**	[lə swar]
esta noche	**ce soir**	[sə swar]
(p.ej. 8:00 p.m.)		
por la noche	**la nuit**	[la nɥi]
medianoche (f)	**minuit** (f)	[minɥi]
enero (m)	**janvier** (m)	[ʒɑ̃vje]
febrero (m)	**février** (m)	[fevrije]
marzo (m)	**mars** (m)	[mars]
abril (m)	**avril** (m)	[avril]
mayo (m)	**mai** (m)	[mɛ]
junio (m)	**juin** (m)	[ʒɥɛ̃]
julio (m)	**juillet** (m)	[ʒɥijɛ]
agosto (m)	**août** (m)	[ut]

septiembre (m)	**septembre** (m)	[separemã]
octubre (m)	**octobre** (m)	[ɔktɔbr]
noviembre (m)	**novembre** (m)	[nɔvãbr]
diciembre (m)	**décembre** (m)	[desãbr]
en primavera	**au printemps**	[oprɛ̃tã]
en verano	**en été**	[ɑn ete]
en otoño	**en automne**	[ɑn otɔn]
en invierno	**en hiver**	[ɑn ivɛr]
mes (m)	**mois** (m)	[mwa]
estación (f)	**saison** (f)	[sɛzɔ̃]
año (m)	**année** (f)	[ane]

2. Números. Los numerales

cero	**zéro**	[zero]
uno	**un**	[œ̃]
dos	**deux**	[dø]
tres	**trois**	[trwa]
cuatro	**quatre**	[katr]
cinco	**cinq**	[sɛ̃k]
seis	**six**	[sis]
siete	**sept**	[sɛt]
ocho	**huit**	[ɥit]
nueve	**neuf**	[nœf]
diez	**dix**	[dis]
once	**onze**	[ɔ̃z]
doce	**douze**	[duz]
trece	**treize**	[trɛz]
catorce	**quatorze**	[katɔrz]
quince	**quinze**	[kɛ̃z]
dieciséis	**seize**	[sɛz]
diecisiete	**dix-sept**	[disɛt]
dieciocho	**dix-huit**	[dizɥit]
diecinueve	**dix-neuf**	[diznœf]
veinte	**vingt**	[vɛ̃]
treinta	**trente**	[trãt]
cuarenta	**quarante**	[karãt]
cincuenta	**cinquante**	[sɛ̃kãt]
sesenta	**soixante**	[swasãt]
setenta	**soixante-dix**	[swasãtdis]
ochenta	**quatre-vingts**	[katrəvɛ̃]
noventa	**quatre-vingt-dix**	[katrəvɛ̃dis]
cien	**cent**	[sã]

doscientos	**deux cents**	[dø sã]
trescientos	**trois cents**	[trwa sã]
cuatrocientos	**quatre cents**	[katr sã]
quinientos	**cinq cents**	[sɛ̆k sã]
seiscientos	**six cents**	[si sã]
setecientos	**sept cents**	[sɛt sã]
ochocientos	**huit cents**	[ɥi sã]
novecientos	**neuf cents**	[nœf sã]
mil	**mille**	[mil]
diez mil	**dix mille**	[di mil]
cien mil	**cent mille**	[sã mil]
millón (m)	**million** (m)	[miljɔ̃]
mil millones	**milliard** (m)	[miljar]

<h2 style="background:black;color:white">3. El ser humano. Los familiares</h2>

hombre (m) (varón)	**homme** (m)	[ɔm]
joven (m)	**jeune homme** (m)	[ʒœn ɔm]
mujer (f)	**femme** (f)	[fam]
muchacha (f)	**jeune fille** (f)	[ʒœn fij]
anciano (m)	**vieillard** (m)	[vjɛjar]
anciana (f)	**vieille femme** (f)	[vjɛj fam]
madre (f)	**mère** (f)	[mɛr]
padre (m)	**père** (m)	[pɛr]
hijo (m)	**fils** (m)	[fis]
hija (f)	**fille** (f)	[fij]
hermano (m)	**frère** (m)	[frɛr]
hermana (f)	**sœur** (f)	[sœr]
padres (pl)	**parents** (pl)	[parã]
niño -a (m, f)	**enfant** (m, f)	[ãfã]
niños (pl)	**enfants** (pl)	[ãfã]
madrastra (f)	**belle-mère, marâtre** (f)	[bɛlmɛr], [marɑtr]
padrastro (m)	**beau-père** (m)	[bopɛr]
abuela (f)	**grand-mère** (f)	[grãmɛr]
abuelo (m)	**grand-père** (m)	[grãpɛr]
nieto (m)	**petit-fils** (m)	[pti fis]
nieta (f)	**petite-fille** (f)	[ptit fij]
nietos (pl)	**petits-enfants** (pl)	[pətizãfã]
tío (m)	**oncle** (m)	[ɔ̃kl]
tía (f)	**tante** (f)	[tãt]
sobrino (m)	**neveu** (m)	[nəvø]
sobrina (f)	**nièce** (f)	[njɛs]
mujer (f)	**femme** (f)	[fam]

marido (m)	**mari** (m)	[mari]
casado (adj)	**marié** (adj)	[marje]
casada (adj)	**mariée** (adj)	[marje]
viuda (f)	**veuve** (f)	[vœv]
viudo (m)	**veuf** (m)	[vœf]
nombre (m)	**prénom** (m)	[prenɔ̃]
apellido (m)	**nom** (m) **de famille**	[nɔ̃ də famij]
pariente (m)	**parent** (m)	[parɑ̃]
amigo (m)	**ami** (m)	[ami]
amistad (f)	**amitié** (f)	[amitje]
compañero (m)	**partenaire** (m)	[partənɛr]
superior (m)	**supérieur** (m)	[syperjœr]
colega (m, f)	**collègue** (m, f)	[kɔlɛg]
vecinos (pl)	**voisins** (m pl)	[vwazɛ̃]

4. El cuerpo. La anatomía humana

cuerpo (m)	**corps** (m)	[kɔr]
corazón (m)	**cœur** (m)	[kœr]
sangre (f)	**sang** (m)	[sɑ̃]
cerebro (m)	**cerveau** (m)	[sɛrvo]
hueso (m)	**os** (m)	[ɔs]
columna (f) vertebral	**colonne** (f) **vertébrale**	[kɔlɔn vɛrtebral]
costilla (f)	**côte** (f)	[kot]
pulmones (m pl)	**poumons** (m pl)	[pumɔ̃]
piel (f)	**peau** (f)	[po]
cabeza (f)	**tête** (f)	[tɛt]
cara (f)	**visage** (m)	[vizaʒ]
nariz (f)	**nez** (m)	[ne]
frente (f)	**front** (m)	[frɔ̃]
mejilla (f)	**joue** (f)	[ʒu]
boca (f)	**bouche** (f)	[buʃ]
lengua (f)	**langue** (f)	[lɑ̃g]
diente (m)	**dent** (f)	[dɑ̃]
labios (m pl)	**lèvres** (f pl)	[lɛvr]
mentón (m)	**menton** (m)	[mɑ̃tɔ̃]
oreja (f)	**oreille** (f)	[ɔrɛj]
cuello (m)	**cou** (m)	[ku]
ojo (m)	**œil** (m)	[œj]
pupila (f)	**pupille** (f)	[pypij]
ceja (f)	**sourcil** (m)	[sursi]
pestaña (f)	**cil** (m)	[sil]
pelo, cabello (m)	**cheveux** (m pl)	[ʃəvø]

peinado (m)	coiffure (f)	[kwafyr]
bigote (m)	moustache (f)	[mustaʃ]
barba (f)	barbe (f)	[barb]
tener (~ la barba)	porter (vt)	[porte]
calvo (adj)	chauve (adj)	[ʃov]

mano (f)	main (f)	[mɛ̃]
brazo (m)	bras (m)	[bra]
dedo (m)	doigt (m)	[dwa]
uña (f)	ongle (m)	[ɔ̃gl]
palma (f)	paume (f)	[pom]

hombro (m)	épaule (f)	[epol]
pierna (f)	jambe (f)	[ʒɑ̃b]
rodilla (f)	genou (m)	[ʒənu]
talón (m)	talon (m)	[talɔ̃]
espalda (f)	dos (m)	[do]

5. La ropa. Accesorios personales

ropa (f)	vêtement (m)	[vɛtmɑ̃]
abrigo (m)	manteau (m)	[mɑ̃to]
abrigo (m) de piel	manteau (m) de fourrure	[mɑ̃to də furyr]
cazadora (f)	veste (f)	[vɛst]
impermeable (m)	imperméable (m)	[ɛ̃pɛrmeabl]

camisa (f)	chemise (f)	[ʃəmiz]
pantalones (m pl)	pantalon (m)	[pɑ̃talɔ̃]
chaqueta (f), saco (m)	veston (m)	[vɛstɔ̃]
traje (m)	complet (m)	[kɔ̃plɛ]

vestido (m)	robe (f)	[rɔb]
falda (f)	jupe (f)	[ʒyp]
camiseta (f) (T-shirt)	tee-shirt (m)	[tiʃœrt]
bata (f) de baño	peignoir (m) de bain	[pɛɲwar də bɛ̃]
pijama (m)	pyjama (m)	[piʒama]
ropa (f) de trabajo	tenue (f) de travail	[təny də travaj]

ropa (f) interior	sous-vêtements (m pl)	[suvɛtmɑ̃]
calcetines (m pl)	chaussettes (f pl)	[ʃosɛt]
sostén (m)	soutien-gorge (m)	[sutjɛ̃gɔrʒ]
pantimedias (f pl)	collants (m pl)	[kɔlɑ̃]
medias (f pl)	bas (m pl)	[ba]
traje (m) de baño	maillot (m) de bain	[majo də bɛ̃]

gorro (m)	chapeau (m)	[ʃapo]
calzado (m)	chaussures (f pl)	[ʃosyr]
botas (f pl) altas	bottes (f pl)	[bɔt]
tacón (m)	talon (m)	[talɔ̃]
cordón (m)	lacet (m)	[lase]

betún (m)	cirage (m)	[siraʒ]
guantes (m pl)	gants (m pl)	[gɑ̃]
manoplas (f pl)	moufles (f pl)	[mufl]
bufanda (f)	écharpe (f)	[eʃarp]
gafas (f pl)	lunettes (f pl)	[lynɛt]
paraguas (m)	parapluie (m)	[paraplчi]
corbata (f)	cravate (f)	[kravat]
moquero (m)	mouchoir (m)	[muʃwar]
peine (m)	peigne (m)	[pɛɲ]
cepillo (m) de pelo	brosse (f) à cheveux	[brɔs ɑ ʃəvø]
hebilla (f)	boucle (f)	[bukl]
cinturón (m)	ceinture (f)	[sɛ̃tyr]
bolso (m)	sac (m) à main	[sak ɑ mɛ̃]

6. La casa. El apartamento

apartamento (m)	appartement (m)	[apartəmɑ̃]
habitación (f)	chambre (f)	[ʃɑ̃br]
dormitorio (m)	chambre (f) à coucher	[ʃɑ̃br ɑ kuʃe]
comedor (m)	salle (f) à manger	[sal ɑ mɑ̃ʒe]
salón (m)	salon (m)	[salɔ̃]
despacho (m)	bureau (m)	[byro]
antecámara (f)	antichambre (f)	[ɑ̃tiʃɑ̃br]
cuarto (m) de baño	salle (f) de bains	[sal də bɛ̃]
servicio (m)	toilettes (f pl)	[twalɛt]
aspirador (m), aspiradora (f)	aspirateur (m)	[aspiratœr]
fregona (f)	balai (m) à franges	[balɛ a frɑ̃ʒ]
trapo (m)	torchon (m)	[tɔrʃɔ̃]
escoba (f)	balayette (f)	[balɛjɛt]
cogedor (m)	pelle (f) à ordures	[pɛl ɑ ɔrdyr]
muebles (m pl)	meubles (m pl)	[mœbl]
mesa (f)	table (f)	[tabl]
silla (f)	chaise (f)	[ʃɛz]
sillón (m)	fauteuil (m)	[fotœj]
espejo (m)	miroir (m)	[mirwar]
tapiz (m)	tapis (m)	[tapi]
chimenea (f)	cheminée (f)	[ʃəmine]
cortinas (f pl)	rideaux (m pl)	[rido]
lámpara (f) de mesa	lampe (f) de table	[lɑ̃p də tabl]
lámpara (f) de araña	lustre (m)	[lystr]
cocina (f)	cuisine (f)	[kчizin]
cocina (f) de gas	cuisinière (f) à gaz	[kчizinjɛr a gaz]
cocina (f) eléctrica	cuisinière (f) électrique	[kчizinjɛr elɛktrik]

horno (m) microondas	**four** (m) **micro-ondes**	[fur mikrɔ̃d]
frigorífico (m)	**réfrigérateur** (m)	[refriʒeratœr]
congelador (m)	**congélateur** (m)	[kɔ̃ʒelatœr]
lavavajillas (m)	**lave-vaisselle** (m)	[lavvesɛl]
grifo (m)	**robinet** (m)	[rɔbinɛ]
picadora (f) de carne	**hachoir** (m)	[aʃwar]
exprimidor (m)	**centrifugeuse** (f)	[sãtrifyʒøz]
tostador (m)	**grille-pain** (m)	[grijpɛ̃]
batidora (f)	**batteur** (m)	[batœr]
cafetera (f) (aparato de cocina)	**machine** (f) **à café**	[maʃin ɑ kafe]
hervidor (m) de agua	**bouilloire** (f)	[bujwar]
tetera (f)	**théière** (f)	[tejɛr]
televisor (m)	**télé** (f)	[tele]
vídeo (m)	**magnétoscope** (m)	[maɲetɔskɔp]
plancha (f)	**fer** (m) **à repasser**	[fɛr ɑ rəpase]
teléfono (m)	**téléphone** (m)	[telefɔn]

www.ingramcontent.com/pod-product-compliance
Lightning Source LLC
Chambersburg PA
CBHW072058070426
42452CB00051B/2311